*Guia prático de
mediação de conflitos*

Dados Internacionais de Catalogação na Publicação (CIP)
(Câmara Brasileira do Livro, SP, Brasil)

Muszkat, Malvina Ester
    Guia prático de mediação de conflitos / Malvina Ester Muszkat.
4.ed., São Paulo: Summus, 2018

    Bibliografia
    ISBN 978-85-323-0507-7

    1. Administração de conflitos 2. Mediação 3. Psicologia
social 4. Relações interpessoais 5. Solução de problemas
6. Violência I. Título.

07-10028   CDD-303.69

Índice para catálogo sistemático:
1. Conflitos: Mediação: Sociologia 303.69
2. Mediação de conflitos: Sociologia 303.69

Compre em lugar de fotocopiar.
Cada real que você dá por um livro recompensa seus autores
e os convida a produzir mais sobre o tema;
incentiva seus editores a encomendar, traduzir e publicar
outras obras sobre o assunto;
e paga aos livreiros por estocar e levar até você livros
para a sua informação e o se entretenimento.
Cada real que você dá pela fotocópia não autorizada de um livro
financia um crime
e ajuda a matar a produção intelectual de seu país.

Guia prático de mediação de conflitos

em famílias e organizações

Malvina Ester Muszkat

summus editorial

GUIA PRÁTICO DE MEDIAÇÃO DE CONFLITOS
em famílias e organizações
Copyright© 2005, 2008 by Malvina Ester Muszkat
Direitos desta edição reservados por Summus Editorial

Editora executiva: **Soraia Bini Cury**
Assistentes editoriais: **Bibiana Leme e Martha Lopes**
Capa: **Camila Mesquita**
Diagramação: **Sidnei Simonelli**

1ª reimpressão, 2024

Summus Editorial

Departamento editorial
Rua Itapicuru, 613 – 7º andar
05006-000 – São Paulo – SP
Fone: (11) 3872 -3322
http://www.summus.com.br
e-mail: summus@summus.com.br

Atendimento ao consumidor
Summus Editorial
Fone: (11) 3865-9890

Vendas por atacado
Fone: (11) 3873-8638
e-mail: vendas@summus.com.br

Impresso no Brasil

Agradecimentos

Este manual pretende responder à crescente necessidade de novas ferramentas para minimizar a onda de conflitos interpessoais que vem ganhando dimensões assustadoras na nossa sociedade. Aqui procuro fazer uma ponte entre a teoria e a prática para que o leitor possa não apenas utilizar-se das práticas mas refletir sobre o seu significado. Minha intenção é, de alguma maneira, colaborar com aqueles que, como eu, se dedicam a buscar formas mais eficientes de abordar conflitos com o intuito de melhorar o mundo em que vivemos. Agradeço a todos os técnicos da Pró-Mulher, Família e Cidadania (PMFC) que, durante os últimos doze anos, colaboraram comigo na idealização e implementação desse projeto. Agradeço também a Svetlana Kashina, que gentilmente colaborou nesta segunda edição, com seu conhecimento e experiência, no capítulo sobre mediação nas organizações*.

Agradeço ainda a Maria Coleta de Oliveira, Sandra Unbenhaum e sua equipe, que se dedicaram tão arduamente à pesquisa de avaliação sobre o impacto do uso da mediação

---

* Svetlana Kashina, administradora de empresas, fez carreira executiva internacional durante vinte anos. Hoje, trabalha também como psicóloga especialista em mediação de conflitos.

na população atendida. Essa pesquisa (Núcleo de Estudos Populacionais – Nepo – e Pró-Mulher, Família e Cidadania – PMFC –, 2007) já está disponível aos que se interessarem pelo assunto.

E, finalmente, não posso deixar de agradecer aos meus queridos familiares – meu companheiro, meus filhos e netos – pelo respeito e pela colaboração demonstrados em relação às minhas iniciativas. Agradeço especialmente à minha filha Susana Muszkat, leal companheira, com quem tenho tido o prazer de compartilhar minhas inquietações intelectuais.

Sumário

Introdução 9

1. Definições 12
2. Aspectos particulares do processo de adaptação do método 18
3. Conflito 27
4. Violência 31
5. Poder e potência 45
6. Neutralidade e imparcialidade 55
7. Manejo de conflitos 60
8. Diferentes modelos de mediação 67
9. Método integrativo: do caos à organização 76
10. O mediador 89
11. O mediador nas organizações 91

Conclusão 95

Referências bibliográficas 99

Introdução

A mediação de conflitos é um procedimento que traz em si a potencialidade de um novo compromisso político capaz de reduzir a desigualdade e a violência. Talvez seja por isso que tantos grupos interdisciplinares têm se mobilizado para implementar o seu uso, seja em programas sociais, seja em seus escritórios ou consultórios particulares. Mais do que isso, uma forte corrente empenhada na prática e divulgação dos seus princípios tem atuado de forma voluntária, buscando desconstruir resistências culturais devidas a um imaginário coletivo forjado sobre os princípios da disputa e da rivalidade nas relações de conflito. A prática centenária do exercício do Direito Romano, a competitividade resultante de uma sociedade profundamente desigual, a falta de investimento na educação e a prática da corrupção são, entre outros, fatores que justificam comportamentos pautados por sistemas verticais de imposição, caracterizados pelo uso abusivo do poder, para os quais o diálogo e as alianças não despertam qualquer interesse.

A experiência positiva desses anos de utilização da mediação com famílias, escolas e comunidade[1] estimulou-me

---

1. MUSZKAT, Malvina (org.). *Mediação de conflitos: pacificando e prevenindo a violência*. São Paulo: Summus, 2003.

a produzir um material que oferecesse, além de estratégias e práticas voltadas para instrumentalizar programas de resolução de conflitos e redução da violência, condições de reflexão sobre o assunto. Um manual que permitisse transmitir aos interessados os princípios e as práticas que vêm nos orientando na organização não-governamental Pró-Mulher, Família e Cidadania (PMFC), práticas essas passíveis de ser aplicadas nos mais diversos cenários, públicos ou privados. Mais do que um novo método de intervenção pontual, a mediação, tal como a temos utilizado, vem se consolidando como um modelo eficiente de política de transformação social.

Na sua participação no Seminário Brasil–Canadá em 2004, o doutor Aldo Morrone, mediador do Centre Jeunesse de Montréal, ratificou o pioneirismo e a originalidade do trabalho da PMFC no Brasil, diante de um amplo espectro internacional de instituições sociais empenhadas na cultura da paz.

Este manual pretende propor formas de ensinar as pessoas a serem pacificadoras, considerando a convivência com o conflito inevitável à condição humana. Levando em conta a realidade vigente – para além das nossas fronteiras –, conviver pacificamente tornou-se uma utopia desejável num século marcado pela intolerância a quaisquer *pequenas diferenças*, expressa na escalada da violência individual e social a que temos assistido.

Gostaria que este manual sobre mediação fosse capaz de despertar e estimular os leitores a acreditar que vale a pena criar novas formas de comunicação menos competitivas e rivalizantes que aquelas que vêm sendo utilizadas, o que, em si, já representa um enorme desafio.

Esta tarefa me impõe três tipos de exigência: a de explicitar claramente de que se trata, para que serve e como a mediação pode ser aplicada, ou seja, explicitar os paradigmas que a norteiam, os objetivos que pretende atingir e como se constrói sua prática.

1. Definições

A mediação de conflitos se concebe como um saber comprometido com a epistemologia contemporânea de perspectiva ecológica[2] e construtivista, aplicável a todo e qualquer campo da vida humana.

Antes de mais nada, é preciso explicitar que, apesar de sempre buscarmos mediar conflitos entre pessoas de forma espontânea, a mediação de conflitos, como *saber*, está longe de ser uma simples ação paternalista baseada no senso comum e na intuição. O vocábulo "mediação", assim como o verbo correspondente "mediar", são facilmente identificados com práticas do senso comum. Qualquer mãe de família ou profissional que trabalhe com pessoas – como um professor ou advogado – dirá, com segurança, que "media" desde sempre.

A mediação de conflitos, tal como será tratada aqui, está longe de ser *uma prática do senso comum*. Tampouco deve ser considerada um *método* pragmático de resolução de conflitos ou mesmo uma *disciplina*. A mediação implica um saber, uma *episteme*, resultante de vários outros saberes, cuja *transversalidade* fornecerá o instrumental para

---

2. Diz respeito à construção dos significados contextualizados segundo valores locais.

uma prática que pressupõe a planificação e aplicação de uma série de passos ordenados no tempo.

Seu objetivo é *buscar acordos entre pessoas em litígio por meio da transformação da dinâmica adversarial, comum no tratamento de conflitos, em uma dinâmica cooperativa, improvável nesse contexto*. Para que o mediador saiba lidar com situações desse tipo, espera-se que ele receba uma formação que lhe forneça conhecimentos de inúmeras áreas do saber, tais como psicologia, direito, sociologia, filosofia e teoria da comunicação. Mas, mais do que isso, que esteja preparado para lidar com a descontinuidade, a complexidade e as várias realidades do seu objeto.

Na transdisciplina, diferente da interdisciplina[3] ou da multidisciplina[4], as disciplinas são um meio, não um fim em si. Não existe uma lógica única na transdisciplinaridade. Ela não só alimenta o diálogo entre as ciências exatas e humanas, mas também com a arte, a experiência interior, os mitos e as religiões nas diferentes culturas. A intuição, a imaginação, a sensibilidade e o corpo também demandam seu lugar.

---

3. A *interdisciplina* diz respeito à transferência dos métodos de uma disciplina para outra. Por exemplo, a utilização da informática no desenho.

4. A *multidisciplina* adiciona *algo mais* a uma disciplina em questão, mas esse "algo mais" está a serviço exclusivamente daquela própria disciplina. No caso da mediação, a Psicologia estaria a serviço do enriquecimento do Direito.

Na sua *práxis*, a transdisciplinaridade deve respeitar três princípios essenciais:

1. O **rigor**, para evitar o reducionismo do senso comum, carregado de preconceitos morais.
2. A **abertura** para aceitar o desconhecido.
3. A **tolerância** para reconhecer que há verdades diferentes das nossas.

Segundo Nicolescu (1999), "na perspectiva transdisciplinar existe uma relação direta e incontornável entre paz e transdisciplinaridade. O pensamento fragmentado é incompatível com a busca de paz sobre a Terra".

Antonio Damásio (1999), em seu livro *O mistério da consciência*, explica as dificuldades de promover uma compreensão dos fenômenos mentais sem uma perspectiva transversal das disciplinas, se quisermos desvendar e esclarecer o funcionamento da consciência.

Assim também no estudo da mediação o trânsito entre as várias epistemologias pode permitir que nos aproximemos com mais propriedade dos múltiplos e complexos fenômenos afetivos e sociais dos quais a mediação trata, *irredutíveis ao conhecimento de uma única disciplina*.

Diante dessas reflexões, a conclusão é que a mediação se define como uma *transdisciplina voltada para o estudo da pacificação dos conflitos nas inter-relações íntimas e sociais*.

Esforço-me, aqui, em transmitir, com a maior clareza possível, o que aprendi nos últimos quinze anos estudando, lendo e aplicando a mediação mesmo em contextos considerados inadequados para sua utilização, como no caso das situações de violência nas relações de gênero.

Nesse percurso, aprendi a ver a mediação, antes de mais nada, como importante veículo de transmissão de democracia, por meio da horizontalização das relações humanas.

Nascida na Universidade de Harvard, na área do Direito, como alternativa extrajudicial, a mediação, exposta à influência de inúmeras áreas do conhecimento e inúmeras culturas, foi ganhando transversalidade. Nesse percurso, assumiu a complexidade dos fenômenos humanos e a noção da dificuldade de abrangê-los em sua plenitude, criticou o reducionismo e o maniqueísmo e passou a influenciar a cultura, buscando desconstruir crenças essencialistas[5], que se apóiam na lógica da existência de objetos "naturais"[6].

Em um discurso apresentado na Université d'Aix, comentando Foucault e a ciência contemporânea, Veyne (1970) afirmou o seguinte:

---

5. Os modelos essencialistas de pensamento definem os fenômenos ignorando a importância do contexto histórico-cultural sobre eles. A noção de que eles são datados, que mudam no decorrer do tempo, criou um novo enfoque: o do construtivismo social.

6. Objetos naturais são aqueles que, devido à sua definição essencialista, desconsideram sua construção histórica, que é o que dá sentido às coisas.

A intuição inicial de Foucault [...] é a raridade, no sentido latino dessa palavra; os fatos humanos são raros; não estão instalados na plenitude da razão, há um vazio em torno deles para outros fatos que o nosso saber nem imagina, pois o que é sempre poderia ser diferente [...].

Foucault chama a atenção para a complexidade do ser e da cultura observando suas diferentes reações diante de um mesmo fato no decorrer da história. Por exemplo, o fenômeno da loucura, que tem *status* de doença mental e passou a pertencer ao campo da medicina em período bastante recente, foi, durante séculos, considerado um fenômeno de "possessão" pertencente ao campo da mística. Doenças do presente podem ter sido consideradas "poderes" no passado, e vice-versa. A utilização de certas drogas pode ser proibida (crime) ou estimulada (ritual) dependendo da cultura.

Assim, do ponto de vista do construcionismo social, os fatos não são coisas isoladas "em si", são o produto de um "consenso coletivo" de caráter cultural e social. Para Marinés Suares (1996), "[...] o conhecimento não é uma coisa que a gente tem na cabeça, mas algo que várias cabeças constroem juntas".

Esse enfoque norteia a *desconstrução* de definições enraizadas no *essencialismo* e privilegia a *descrição das práticas*, criando espaços possíveis para acolher *diferenças*, princípio primordial da mediação de conflitos. Portanto, para legitimar a diversidade e respeitar a transdisciplinaridade, cabe ao mediador descrever os acontecimentos, evitando a prática comum de conceituá-los: "Ele agiu assim...", em vez de "Ele é assim..." É acolhendo a diversidade e a transversalidade que a mediação adquire o *status* de representante dos princípios que regem os direitos humanos, e o mediador, o de agente de transformação social, no sentido da cultura de paz. Assumindo a complexidade que caracteriza o ser humano e seus relacionamentos, a mediação estimula a tomada de decisões conjuntas, trazendo consigo a capacidade de promover o bem-estar da comunidade. E, assim, corrobora a lógica de que um país não se desenvolve baseado apenas na sua economia, uma vez que o respeito às relações sociais, além de primordial no desenvolvimento de uma nação, interfere em seu desempenho econômico.

2. Aspectos particulares do processo de adaptação do método

O pensamento contemporâneo, voltado para o construtivismo social e para o "rompimento" com as fronteiras disciplinares, permite o diálogo entre os fenômenos individuais e os coletivos. As aproximações entre a sociologia, a antropologia e a psicanálise, por exemplo, facilitam uma maior compreensão das relações humanas e de suas práticas sem deslocá-las de determinado contexto histórico-cultural. Essas são novidades que nos permitem deduzir que, assim como a cultura é preponderante na construção do subjetivismo – mesmo no que diz respeito à constituição do desejo –, este tem extrema importância na "moldagem" das práticas sociais.

Ao definir o meu objetivo – *o de buscar acordos entre pessoas em litígio por meio da transformação da dinâmica adversarial em uma dinâmica pactual improvável nesse contexto* –, não tive problemas em trazer da psicanálise, da sociologia, do serviço social e do direito a sustentação para a compreensão da subjetividade, da dinâmica das relações e do contexto sociocultural e legal brasileiro. Estávamos em 1993 e não se falava de mediação no Brasil. As únicas experiências relatadas até então eram "importadas" e referiam-se a populações de classe média em países desenvolvidos.

No processo de adaptação da sua aplicação prática, dediquei-me, junto com a equipe interdisciplinar da PMFC, a aprender a contornar alguns "desafios" aos quais, segundo as premissas da mediação internacional daquele momento, o perfil da nossa população não se adaptava. Esse perfil – *população brasileira de baixa renda em situação de violência* – era, em tese, considerado inadequado à aplicação da mediação. Tal inadequação se devia a três aspectos essenciais: trabalhar com conflitos nas relações de gênero, atender a situações de violência e encontrar meios de adaptar a prática a uma população com características tão particulares.

Intervir em conflitos de gênero em relações de continuidade

Após havermos trabalhado por vários anos com uma população eminentemente feminina em disputas judiciárias, tivemos certeza de que era necessário não apenas ampliar nossa abordagem como atender também a população masculina[7]. Considerados os principais responsáveis por

---

7. MUSZKAT, Susana. "Novas práticas na abordagem de gênero e violência intrafamiliar". In: MUSZKAT, Malvina (org.). *Mediação de conflitos: pacificando e prevenindo a violência*. São Paulo: Summus, 2003.

essas disputas, os homens vinham sendo alijados de qualquer tipo de atendimento.

Pensamos que abrir o serviço para eles poderia aliviar imediatamente as mulheres, dividindo responsabilidades. Nossa intenção era romper com o paradoxo de que o mesmo mito de que as mulheres são apenas "vítimas" indefesas nas relações de gênero apregoa seu "maior nível de responsabilidade", culpabilizando-as pelo destino insatisfatório da família. A pressuposição de que as mulheres são capazes de, por meio de um simples ato de vontade individual, superar as dificuldades de uma dinâmica familiar violenta vitimiza-as duplamente, responsabilizando-as e ratificando a exclusão e a "irresponsabilidade" masculinas.

Entretanto, no que diz respeito aos conflitos de gênero, é importante considerar que até hoje a utilização da mediação é refutada pelos grupos feministas mais ortodoxos, sejam eles americanos, europeus ou brasileiros. Os motivos dessa refutação são basicamente dois:

1) nas relações pautadas pela violência, pressupõe-se uma condição de dependência e subserviência da mulher em relação ao seu companheiro, que desrespeita o princípio da eqüidade;
2) os homens que praticam atos violentos devem ser punidos judicialmente, não lhes cabendo o direito a qualquer tipo de negociação.

Até aquela data, até os teóricos da mediação consideravam essa prática inadequada:

> Em situações em que existe, em algumas ocasiões, violência familiar [...], é necessário abrir uma porta para que a mediação seja efetiva, já que o que domina a alternativa de solução de conflito é um processo de enfrentamento. (Eliçabe-Uriol, 1993)

Essa leitura, calcada numa visão dicotômica vítima–agressor, dominador–dominado ou forte–fraco, explicita as dificuldades enfrentadas numa proposta de negociação ou acordo em relações com poderes tão diferenciados, num país eminentemente machista, no tocante às relações homem–mulher.

Apesar da afirmação acima, Bustelo deixava entreaberta a possibilidade de criar estratégias que permitiriam "abrir uma porta" nessa direção. Foi o que fizemos. A idéia de introduzir uma nova modalidade de atendimento, que permitisse utilizar uma forma pacifista de abordar situações de crise, apresentava-se como uma incrível promessa de reparação. Assim, foram criadas práticas intermediárias que fossem capazes de superar esse impedimento e permitissem às mulheres e aos homens questionar padrões culturais e ganhar autonomia suficiente para um encontro de negociação sem prejuízos. Grupos de pré-mediação foram introduzidos com a finalidade de "empoderar"[8] as partes e

---

8. Do inglês "empower", que quer dizer autorizar, dar poder.

estimular noções de *alteridade*[9], ajudando-as a desconstruir as posições rígidas sobre as quais suas condutas vinham se apoiando.

Desde então, os coordenadores/mediadores dos grupos de pré-mediação se concentram em trabalhar com a *redistribuição dos poderes individuais*, o que equivale a dizer que se dedicam a *socializar potências e prejuízos*. Isso significa restituir às mulheres a condição de sujeitos constituintes de sua história e fazer que os homens questionem sua real "potência", sua autonomia de pensamento e de ação. Segundo Espinosa (1983), "[...] o 'poder' pode representar nada mais do que o aprisionamento da 'potência'". Isso significa que, para que o sujeito seja autônomo e criativo é importante que não esteja submetido a um modelo de pensamento e ação imposto por um grupo hegemônico ao qual ele não pertence, como é o caso, na nossa clientela, dos homens. Por outro lado, socializar os prejuízos facilita a compreensão mútua e a noção individual de limites, facilitando o entendimento da noção de sofrimento no outro (fenômeno da compaixão).

---

9. Alteridade é a qualidade de ser-com-o-outro (*alter* = outro). Pressupõe uma consciência capaz de perceber e tolerar o outro como a si mesmo. Em português, diríamos "colocar-nos na pele do outro".

Manejar situações de violência sem prejuízo de nenhuma das partes

Além de estar diretamente relacionado com a questão da eqüidade contida na premissa anterior, lidar com situações de violência sem prejudicar as partes envolvidas exige uma definição do que vem a ser violência para determinada população, como mensurá-la e como traduzi-la, o que – a menos que se trate de violência física, cujas marcas são evidentes e visíveis – continua sendo tema de infindáveis discussões. Apesar de, na época, não termos pesquisas atualizadas sobre o tema no Brasil, impunha-se a nós a necessidade de definir a que tipo de violência poderíamos atender. Decidimos por atender a todo tipo de violência que redundasse em algum tipo de abuso físico, sexual, emocional, econômico ou de restrição de liberdade, excluindo as patologias. Não se deve mediar casos patológicos nos quais não seja possível contar com a responsabilidade dos sujeitos sobre sua conduta. Como exemplo, podemos citar as deficiências mentais, o alcoolismo, o uso abusivo de drogas e distúrbios de personalidade.

É preciso considerar que nem toda prática violenta se apresenta sob formas explícitas de pugilismo brutal ou assassinato primitivo; o mexerico desmoralizante, a observação irônica, a tortura verbal cotidiana são variações de um amplo espectro de atitudes adversariais. Em uma relação a dois, é quase impossível avaliar, definir e julgar as diferentes formas da prática da violência, o que torna o tema tão controvertido. Entre Eros e Tanatos, Baco e Dionísio, amor e ódio, nós humanos circulamos num terreno fértil de hesitações e controvérsias. No mundo ocidental, expressões como "doce crueldade", "cruel ternura" e outras foram amplamente utilizadas pelos poetas do romantismo, revelando que entre o amor e a crueldade há uma densa intimidade.

Não existem barreiras suficientes para impedir as várias expressões da violência, mas alguns "álibis" culturalmente construídos podem legitimá-las. Assim, em diferentes épocas e culturas, algumas práticas foram culturalmente aceitas ou até estimuladas: sob o rótulo da *disciplina* praticou-se, e ainda se pratica, o espancamento de crianças; sob o rótulo de *proteção à raça*, o extermínio de judeus; sob o rótulo da *defesa masculina da honra*, o espancamento e o assassinato de mulheres.

Por meio da integração dos princípios de intersubjetividade, das noções de poder *relacional* (co-construção, resistência) e do desenvolvimento do protagonismo das partes, tornou-se possível superar a dicotomia reducionista de agressor–dominador–força/vítima–dominado–fraqueza e reavaliar, com as partes, os verdadeiros poderes que cada uma exerce na relação.

Nos grupos de pré-mediação, a prática da *socialização dos prejuízos*, o desenvolvimento do protagonismo dos diferentes atores e um *treinamento* que pode ser chamado de "alfabetização comunicacional"[10] têm colaborado para ajudar nas negociações entre as partes em litígio.

Respeitar o estatuto sociocultural dos sujeitos

O respeito à *ecologia social* é condição para a prática da mediação, o que nos obriga a levar em conta os aspectos relativos à singularidade dos sujeitos, suas formas de comunicação, seu estatuto social e cultural:

a. É sabido que qualquer método "importado" deve ser visto como concebido para um imaginário social distinto do nosso. Praticar a mediação em um país anglo-saxão é bem diferente de praticá-la em um país latino, principalmente quando se trata de uma população carente não só de bens materiais mas de educação, saúde e moradia.

b. Em trabalhos sociais desenvolvidos com *uma população de baixa renda, com baixo nível de escolaridade, sem noções de direito ou de cidadania e em situação de violência*, costuma-se encontrar uma forte tendência ao assistencialismo.

c. Não é nada incomum que profissionais das mais variadas áreas sintam-se inclinados a supor que sabem mais que o "leigo" quais são as melhores solu-

---

10. Chamo de "analfabetismo comunicacional" a dificuldade que algumas pessoas têm de resolver seus conflitos por meio do diálogo.

ções para ele. Esse tipo de lógica pode produzir intervenções inadequadas, com desrespeito ao universo sociocultural das pessoas. Os paradigmas que pautam a formação dos operadores do direito, por exemplo, definem a autoridade moral do profissional sobre o leigo, justificando uma atitude paternalista que ratifica a dependência e a falta de autonomia dos sujeitos.

Assim, também a representação da subjetividade que prevalece nas teorias psicológicas retrata uma realidade datada e culturalmente circunscrita, que não deve ser considerada o retrato do homem universal. É por isso que, quando as pessoas não se enquadram na lógica do profissional, julgar que elas estejam "erradas" nos seus valores, nas suas escolhas e no seu desejo pode significar uma invasão do seu universo de representações. É importante lembrar que o próprio conhecimento, responsável pela construção do pensamento científico, tem estatuto sociocultural.

Atentos para esses aspectos, fomos incorporando novos saberes e novos procedimentos, passo a passo, com base no atendimento cotidiano, nas discussões interdisciplinares e nos ajustes e reajustes constantes na aplicação prática, até que pudéssemos, finalmente, encontrar uma adequação satisfatória entre *disciplina*, *método* e *objeto*.

3. Conflito

Foi no diálogo com a psicanálise que encontrei as noções de conflito e violência que me pareceram mais adequadas para superar os preceitos reducionistas e maniqueístas sobre as noções de vítima–dominado–fraco e agressor–dominador–forte, até então em voga.

Na psicanálise, fala-se de *conflito psíquico (intrapessoal)* quando, no indivíduo, se opõem exigências internas contrárias. A despeito do desconforto que um conflito possa gerar em nós, ele faz parte do humano – assim como o *conflito interpessoal* com exigências, expectativas, idealizações pessoais contrárias umas às outras faz parte das relações humanas. Se em situações desse tipo ambos os sujeitos, frustrados nos seus interesses, podem, por sentir-se incompreendidos e injuriados, vir a se tornar opositores irreconciliáveis, é, ao mesmo tempo, por meio desses constrangimentos que se constrói a noção de um Eu individual e singular.

Do ponto de vista constitutivo, o conflito propicia condições de crescimento e transformação sempre que, por intermédio da flexibilização do desejo, atinge-se a noção de *alteridade*. Isso significa que diante do reconhecimento da existência de Outro que sente, pensa, deseja e sofre, tal como Eu mas diferente de mim, esse Eu pode sentir-se apaziguado a ponto de rever suas posições, praticar possíveis reparações e negociar acordos.

Falando de relações de continuidade, esse tipo de lógica nos permitiu examinar o conflito com naturalidade e isenção de julgamento moral e imaginar que os indivíduos que estão diante de situações conflituosas podem estar buscando novas soluções para sua individualidade, assim como formas mais maduras de interação nos seus relacionamentos. Se a elaboração dos conflitos intrapsíquicos se dá por uma série de mediações entre as representações em oposição, assim também os conflitos interpessoais podem beneficiar-se de mediações concretas para ser elaborados, promovendo o apaziguamento entre as partes.

É claro que conflitos interpessoais carregam conteúdos intrapsíquicos não elaborados, podendo provocar surpresa e espanto no profissional, como no exemplo de um casal que, após fechar vários acordos, não consegue finalizar sua separação *só porque* não sabe como dividir o aparelho de TV.

No caso da mediação de conflitos, a lógica formal é de pouca utilidade se não levarmos em conta que, para além ou aquém do discurso manifesto (*posição*), existe um discurso não expresso, algumas vezes inacessível para o próprio indivíduo (*interesse*). No exemplo do casal da televisão, sua posição (de querer a TV) expressa sua necessidade de resgatar todos os sacrifícios e investimentos que, durante anos, fizeram em prol da relação (*interesses ocultos*).

Agarrar-se a objetos materiais pode ser uma forma de buscar preencher o vazio provocado pela perda desses investimentos que, nesse momento, lhes parecem ter sido tão inúteis. Aqui se impõe uma nova lógica: a *lógica da reparação*, que permite salvaguardar os aspectos melhores de cada uma das partes, atualizar sua imagem positiva – mesmo que o conflito em questão redunde numa ruptura como única solução possível entre elas. *Perdem-se os anéis, ficam os dedos...* A perda de uma relação pode ser elaborada muito mais facilmente quando não houver sentimentos de perda da integridade psíquica ou moral, quando a imagem positiva de cada um, por meio de um gesto reparatório da outra parte, puder ser atualizada.

O conflito geralmente se inicia por um pequeno *desentendimento* que, dependendo da habilidade e flexibilidade na comunicação entre as partes que se desentenderam, pode vir ou não a se transformar numa *controvérsia*, que por sua vez desaguará no *conflito*, agora como franca *disputa*.

Exemplo: **A** diz algo para **B** rispidamente porque está assoberbado e tenso. **B** se ofende, mas não replica. Não ocorre a **A** pedir desculpas a **B**, que por sua vez não diz que está humilhado. **B**, irritado com a falta do pedido de desculpas, começa a boicotar **A**, que não entende o que

▶

> está se passando, mas ao mesmo tempo acha que pode ser apenas impressão sua.
>
> Esse pequeno incidente vai provocando ressentimentos cada vez maiores em ambos os indivíduos, até desaguar em um esfriamento da comunicação entre **A** e **B**, podendo chegar a um rompimento definitivo.

Um conflito pode ficar latente ou ser manifesto. Como veremos mais adiante, as pessoas se utilizam de várias formas para lidar com seus conflitos. Entretanto, é preciso salientar que, quanto mais cedo pudermos intervir, mais brando e mais fácil de mediar será. Infelizmente, é mais comum que as pessoas procurem um mediador quando os conflitos entre elas já se transformaram numa *disputa*. A idéia de que sentimentos negativos são "*feios*" e de que "*somos, afinal, seres racionais*" justifica uma postura defensiva que permite que os conflitos "azedem" antes de tomarmos alguma providência.

4. Violência

Definimos violência como toda e qualquer forma de constrangimento, coerção ou subordinação exercida sobre outra pessoa por uso abusivo de "poder"[11]. Quando os níveis de tolerância à frustração são muito baixos, o indivíduo, empenhado em defender-se de algum tipo de dano – concreto ou imaginário – que ameace sua posição ou sua integridade psíquica, reage com violência, numa tentativa, *mesmo que inadequada*, de resolver o conflito. Por meio do ato violento o *ofendido* se transforma em *ofensor*, garantindo, provisoriamente, uma posição de triunfo.

Se, como já foi dito, os conflitos são constituintes da condição humana, eles não podem ser vistos como exceções, mas como parte do nosso cotidiano nas relações interpessoais. A ação violenta, no entanto, é uma exceção mesmo quando vista como tentativa de resolver um conflito. Ela indica o despreparo de determinados sujeitos para compreender e administrar seus conflitos, sendo pequenos abalos suficientes para provocar fissuras, aparentemente irreversíveis.

A ação violenta é expressão de sentimentos de baixa auto-estima, falta de segurança e potência, por mais para-

---

11. Uso "poder" entre aspas porque no capítulo seguinte tratarei de desconstruir a idéia de poder como algo estável e definitivo.

doxal que isso possa parecer. Quando esses sentimentos – insegurança, desmoralização, medo – atingem níveis ameaçadores, o sujeito busca retomar o controle por meio de uma expressão irada, *camuflada* de "poder" e "triunfo".

É nas relações de continuidade, devido à convivência e maior intimidade entre as pessoas, que reside uma tendência maior para a manifestação de conflitos e sua cronificação. A estigmatização e a cristalização da dinâmica nas relações criam um clima constantemente tenso e predisposto ao conflito, sem qualquer perspectiva de revisão, solução ou apaziguamento. Nesses casos, a comunicação ganha os contornos de uma cartografia ineficaz porque surda e repetitiva, e repetitiva porque surda.

> Dos vilões responsáveis pelos conflitos interpessoais a **comunicação** é um dos mais imputáveis: considerem-se as formas de comunicação ambíguas, as baseadas em referências equivocadas, as acusatórias, e assim por diante. A idéia de que podemos ser "cativos" da forma como nos comunicamos permite-nos considerar a possibilidade de, por meio da conscientização acerca desse fato, desenvolver novas formas comunicacionais e adquirir novas ferramentas de linguagem, mais satisfatórias e eficientes porque mais pacificadoras – e esse é um dos objetivos da mediação. Um exemplo disso pode estar na mudança de tom de voz, em expressões despidas de acusações, enfim, em formas de comunicação de caráter não-adversarial.

O empenho em expressar-se na primeira pessoa do singular – *eu* – em vez de utilizar a segunda pessoa – *você* – traz sempre bons resultados. A utilização da primeira pessoa me responsabiliza pelo que estou dizendo, pensando ou sentindo, eximindo o outro de responsabilidade. Este poderá então buscar esclarecer a situação sem resistência. Ao utilizar a segunda pessoa, faz-se, inevitavelmente, uma acusação ao outro, que tratará imediatamente de defender-se, em nada contribuindo para o esclarecimento da situação.

Assim, "Eu estou magoada" costuma induzir um pedido de desculpas: "Não gosto de magoá-la". "Você é um grosso" estimula "Você não se enxerga?" ou "Foi você quem começou, quem provocou", e assim por diante.

Essas pequenas mudanças podem transformar as relações entre os membros de um grupo, tornando-o inclusive mais harmônico e eficiente na sua produção, seja ela escolar, profissional ou outra qualquer.

Relações de continuidade não são prerrogativa das famílias, mas de qualquer agrupamento de pessoas cujo convívio é definido por necessidades cotidianas ou pelo exercício de funções – sejam estas de trabalho, agremiações, vizinhança etc.

Conflito e violência na família

Dado que a vida psíquica se desenvolve no contexto de uma rede de relacionamentos pautada por vínculos afetivos resultantes de determinada cultura, e que essa rede já existia antes do nascimento de uma criança, a família é um objeto de estudo privilegiado para compreender tanto a reprodução da cultura como a construção das subjetividades.

Várias são as razões que provocam o desencadeamento de fortes conflitos no contexto familiar: introjeção de regras e valores, avaliações saturadas de projeções e idealizações, competitividade, jogos de poder, ciúmes e sentimentos de abandono são algumas das variáveis que caracterizam a dinâmica das relações familiares e podem se cristalizar e gerar preconceitos e discriminações, assim como padrões de comportamento lesivos à saúde das inter-relações.

O mito romantizado da família como espaço protegido data dos primórdios da organização da família conjugal; entretanto, ao contrário da visão romântica e idealizada que gostamos de ter a esse respeito, o "lar" nunca foi um espaço preservado e reservado exclusivamente ao amor e à tolerância, e sim um verdadeiro caldeirão em que os primeiros conflitos e angústias são vividos entre pais e filhos com toda sorte de expressão de sentimentos positivos e negativos.

Até meados do século passado, os conflitos familiares eram contornados pela repressão exercida por meio do poder e da disciplina impostos pelo pai. A falência do modelo patriarcal, as várias formas de união, a intolerância de mulheres e crianças a esse sistema autoritário, somadas à falta de investimento em novas formas de comunicação interpessoal, têm contribuído amplamente para que esses conflitos aflorem de forma repetitiva e quase descontrolada.

É fácil compreender esse fenômeno se nos reportarmos às nossas famílias originais com um olhar crítico, relembrando a sua dinâmica, as formas de comunicação utilizadas e a nossa tendência a reproduzi-las. Diante de um depoimento tal como "Com M., a boazinha, mamãe sempre tinha mais boa vontade. Já C. era um terror: assim que ela começava a falar, irritava a todos nós", surge a pergunta: "Mas você acha mesmo que ela era um terror?" A resposta quase sempre é: "Para dizer a verdade, não sei bem, porque quando C. começava a falar, e ela estava sempre reivindicando coisas, todo mundo já pensava: 'Lá vem ela... O que será dessa vez?' e meio que 'tampava' os ouvidos".

No exemplo acima, notam-se a forte tendência a cronificar avaliações e a enorme dificuldade de desconstruí-las, o que acaba gerando um padrão de comunicação repetitivo e estéril, em que as pessoas não se ouvem e reproduzem infinitamente conflitos insolúveis que, levados à exacerbação, podem provocar reações violentas.

A prática da violência pode também ser analisada como uma forma de comunicação que percorre o conjunto dos atores no cenário em que ela é praticada: homens são violentos com mulheres que revidam ou não essa violência, mulheres e homens utilizam-se da violência como forma de disciplinar seus filhos, irmãos são violentos entre si, com seus pais, possivelmente na comunidade onde vivem e assim por diante. Gritar, falar rudemente, bater, fazer uso de expressões ofensivas e desmoralizar o outro são formas bastante comuns de comunicação em inúmeras famílias. Crianças que vivem nesse tipo de ambiente, além de vítimas diretas ou indiretas dessa situação, tendem a tornar-se adolescentes e adultos violentos, já que as diferentes formas de lidar com os conflitos e com a própria violência têm caráter transgeracional, ou seja, tendem a ser reproduzidas através das gerações.

É nesse sentido que me permito afirmar que é na vida privada que estão as raízes da violência. Um casal que se utiliza da violência como meio de comunicação (mediante xingamentos, ofensas, proibições, gritos, tapas) reflete e influencia o contexto em que se insere. Essa é a razão pela qual julgamos importante, no nosso trabalho, observar todo o conjunto familiar, a fim de compreender a sua dinâmica e reduzir os prejuízos da situação a que todos são submetidos. Por isso decidimos cunhar uma expressão, hoje bastante difundida, que amplia a noção restrita de violência doméstica[12]: a de *violência intrafamiliar*, segundo

---

12. Devido às suas origens, a expressão "violência doméstica" define a violência praticada exclusivamente contra a mulher no âmbito doméstico.

a qual todas as pessoas envolvidas no contexto em que esse tipo de linguagem é comum podem se alternar na condição de vítimas ou agressores.

> *Exemplo*: Carmem está limpando a casa com seus dois filhos mais velhos, no domingo à tarde, quando seu marido chega da rua.
>
> *Carmem*: "Preste atenção quando entrar. Nós acabamos de limpar o assoalho."
>
> *Marido*: "Você pensa que sou algum porco?"
>
> *Carmem*: "Não penso, tenho certeza, senão a casa não estaria tão suja no fim de semana, já que você passou a semana inteira em casa sem fazer nada."
>
> *Marido*: "Você adora me desmoralizar na frente dos seus filhos, esses maricas que ficam na barra da sua saia."
>
> *Carmem*: "Maricas coisa nenhuma, eles estão me ajudando porque você, que pensa que é macho, além de não ser capaz de trazer dinheiro pra casa, ainda fica dormindo e bebendo a semana toda e nem cuidado com o lugar onde dorme tem."
>
> *Marido*: "Você pensa que não tenho procurado trabalho? Não sou como você, que fica dando pra todo mundo e depois vem aqui se bacanear de boa mãe só porque faz o supermercado."
>
> ▶

> *Carmem*: "Cale a boca, seu filho-da-puta, tá me chamando de puta, é? Saia da minha casa que foi meu pai quem me deu."
>
> *Marido*: "Deu uma ova, e se deu a casa é tanto sua quanto minha, saia você se quiser, ninguém precisa de uma puta aqui dentro, que nem pra cumprir com as obrigações de mulher serve..." – e enquanto fala vai avançando sobre Carmem com o braço erguido, com a intenção de espancá-la mais uma vez.
>
> Os filhos tentam detê-lo, o que o torna ainda mais furioso, fazendo-o voltar sua violência verbal e física contra eles. Carmem, por sua vez, tenta interferir, e o que temos como resultado é mais um quadro dramático de fim de tarde de domingo.
>
> Depois, tudo vai se acomodar, e a família vai assistir ao *Fantástico* e Carmem, muito orgulhosa, preparará um lanche para a família. Ela está contente porque conseguiu trazer para casa uns pães de mel que vinha namorando já há algum tempo no supermercado.

Esse "diálogo" entre o casal não tem outra função que a de lhes oferecer uma oportunidade de réplica a um texto estereotipado de disputa (*posições*), que teria como finalidade oculta expressar a frustração e o desamparo inconfessáveis de cada um (*necessidades, interesses*). Um intercurso de réplicas e tréplicas perversas e estéreis em relação às suas reais necessidades.

A análise dessa forma de comunicação nos permite verificar sua pobreza e, ao mesmo tempo, sua complexidade, impedindo-nos de reduzi-la a uma simples dicotomia vítima–agressor. Esse novo nível de compreensão do fenômeno nos permite pensar em promover ações que propiciem uma atividade reflexiva capaz de conscientizar as partes e estimulá-las a adquirir novos instrumentos de comunicação, mais pacificadores e compatíveis com as necessidades do grupo.

Conflito e violência de gênero

O gênero é um princípio organizador da nossa sociedade que, para além dos determinantes sexuais biológicos, representa a dimensão simbólica do que vem a ser homem ou mulher em dada cultura. Nesse sentido, ele funciona como o determinante nas relações sociais e institucionais entre os sexos.

Vivemos em uma cultura hegemonicamente masculina há milhares de anos e, mesmo que essa condição venha sendo fortemente questionada nos últimos trinta anos aqui no Brasil, convivemos, ainda, com os resquícios do autoritarismo masculino – que, aderido ao imaginário de mulheres e homens, ganhou naturalidade e legitimidade difíceis de ser eliminadas.

> Segundo Connell (1995), o âmago do projeto coletivo da hegemonia masculina, característico da nossa cultura, pode até não ser explicitado. Ele se manifesta pela prática singela de selecionar homens brancos e heterossexuais para dirigir as corporações e o Estado. Assim, a manutenção das políticas masculinas se dá por repetição da simples rotina dessas instituições, quer dizer, é uma conseqüência da própria escolha inicial. O resultado se revela nas políticas econômicas e de segurança nacional, na religião, no desenvolvimento da ciência, na definição oficial de cidadania, na política internacional e nos valores familiares. Trata-se de uma maneira de decretar a prática de um só tipo de pensamento – masculino – na vida diária, prática em que a discriminação e o preconceito que definem os valores machistas tendem a se manter, repondo permanentemente as desigualdades em todos os campos da atividade humana.

Um exemplo comum nos foi revelado por uma usuária da PMFC. Ela declarou que, durante as refeições, serve primeiro o seu companheiro e os filhos homens, para somente então servir a si e às filhas mulheres "com aquilo que sobrou, porque eles comem mais". Claro está que esses filhos e filhas introjetaram regras e valores concernentes a esses usos e costumes e exercitam socialmente – mesmo que isso vá contra eles – os preconceitos e as desigualdades contidos nesse modelo.

Esse tipo de "domesticação" da mulher, compreendida durante milênios como "natural", originou-se da necessidade de controle do grupo masculino sobre seu corpo e sua capacidade reprodutiva, devido ao temor sobre a incerteza de sua descendência. O fato de que a mãe é certa e o pai é apenas "presumível" sempre foi um fantasma para a organização da cultura patriarcal. Esse fato definiu a posição de dominação dos homens sobre as mulheres, seu corpo e sua sexualidade, fundamentando um tipo de organização social presente até os dias atuais, como no exemplo da enorme controvérsia provocada pela discussão a respeito do direito da mulher de decidir sobre sua reprodução.

Porém, a mesma cultura patriarcal que dotou os homens de poder contemplou-os com um código tão sutilmente exigente que eles, desde meninos, nem se dão conta das exigências ocultas pelos privilégios. Esse código, cuja origem representa uma visão mítica da humanidade, impõe que os meninos e adolescentes passem por algumas experiências que os endureça, alguma missão heróica que prove sua coragem e até rituais de violência que solidifiquem sua virilidade. Homens são aqueles seres que devem sofrer solitariamente e em silêncio, acobertando qualquer sinal de fraqueza ou humilhação. Um homem *deve* preferir morrer a deixar-se humilhar, deve temer não ser agressivo, deve temer ser covarde e assim por diante. O homem que não conseguir satisfazer essas expectativas de potência, coragem e audácia não encontrará no imaginário da cultura qualquer tipo de respaldo para a sua masculinidade, e sua identidade ficará ameaçada, gerando constantes vivências de angústia e depressão carregadas de fantasias homofóbicas.

Matéria publicada em 2005 no jornal *O Estado de S. Paulo* a respeito do machismo entre os jovens colombianos relata como "nas terras das gangues de Cali", em vez de se assassinarem os oponentes (jovens de 10 a 16 anos), tira-se deles "o que os torna homens". Isso significa que, em vez de os agressores atirarem na cabeça da vítima, colocam-lhe "uma bala na espinha", o que a torna sexualmente impotentes, sendo esse castigo pior que a morte. Segundo o repórter, "o machismo em sua mutação latino-americana tem uma ênfase adicional, a da inatingível indiferença. [...] Qualquer tipo de empatia é não só debilitadora – é efeminada. Você não pode ter empatia nem por si mesmo".

Aliás, tudo indica que essa máscara de *inatingível indiferença* tenha afetado igualmente os jovens brasileiros. Para muitos dos que têm entre 15 e 24 anos, matar e morrer é tão banal quanto em tempos pré-históricos, se considerarmos a quantidade de jovens que morrem todos os dias nas cidades brasileiras.

Nos grupos de pré-mediação na PMFC, o mediador convida os usuários a refletir sobre esses valores, no intento de desconstruir essa identidade psicológica com um *eu universal*[13] (Freire da Costa, 1989) que define o que é ser "homem". Transformar cultura, gerar novas mentalidades e estimular novas formas de comunicação entre as pessoas pode não ser uma tarefa fácil, mas sem dúvida é promissora.

Apesar de todos sabermos que mudanças são necessárias nessa área, e embora desejemos aderir aos papéis sociais contemporâneos, ainda existe um tipo de resistência – que costumo chamar de "inércia da subjetividade" – típica dos movimentos rápidos de mudança.

A convivência entre a expectativa de aderir à contemporaneidade e a profunda e inconsciente resistência à mudança de representações tradicionais é uma situação comum e facilmente identificada em inúmeros segmentos, como na dinâmica das famílias, nos meios de comunicação e na própria forma como algumas áreas mais conservadoras do Judiciário resistem às mudanças de paradigma, descompassando o tempo entre os avanços políticos e as práticas culturais.

Um exemplo claro disso é a manutenção da violência de gênero no Brasil, a despeito de todos os recursos criados para preveni-la, tanto do ponto de vista da legislação como dos serviços. Nesses casos, o arcabouço legal e o sistema penitenciário não são suficientes para mudar comporta-

---

13. Sistema de representações culturais que se apresenta como predicado universal.

mentos baseados em usos e costumes de uma cultura que se construiu sobre a premissa do poder de mando de um homem forte e viril sobre suas mulheres. Somente um trabalho profundo de reflexão – individual ou coletiva – a respeito de determinados temas pode facilitar a superação dessas resistências e propiciar o diálogo[14].

Esses fatores somados esclarecem a presença de certos códigos que permitem ao homem submeter sua mulher aos seus ideais e a ela se comportar como submetida. Esses códigos precisam ser conhecidos pelo mediador a fim de que ele possa exercer seu papel de desconstrutor de modelos de relacionamento resistentes a mudanças, permitindo novas formas de comunicação entre as partes.

É importante salientar que a lógica que mantém as discriminações sexistas, assim como a que perpetua a discriminação relativa a outros grupos – como as minorias étnicas/raciais –, está sempre presente, mesmo quando não aparente.

---

14. A PMFC vem provendo, desde 1995, grupos masculinos de reflexão sobre questões de gênero, com excelentes respostas de seus participantes (para mais informações, consulte a pesquisa realizada pela PMFC e pelo Nepo).

5. Poder e potência

É impossível compreender e manejar conflitos sem um exame mais rigoroso da correlação de poderes presente na dinâmica das relações entre as partes litigantes. Para tanto, é importante dispor-se a examinar os mecanismos de poder com base em uma estratégia de correlações de forças e indagar: o que produz o poder? Quais os seus efeitos? O que faz as pessoas sentirem que o têm?

Para compreender o manejo do poder nas relações humanas, Foucault (1977) sugere que nos livremos das representações jurídicas ligadas ao que ele chama de *poder de fato* para incursionar sobre uma nova concepção "mais complexa e mais positiva" do poder "sem a lei... e sem o rei".

> Trata-se do poder compreendido não como algo que *se tem*, e sim como algo que se *constrói e se opera numa relação entre pessoas*.

Desse ponto de vista, o poder é gerado e *exercitado* em toda e qualquer interação social que possa se dar nos âmbitos público ou privado. Essa concepção do tema opera em todos os níveis da vida social, tanto no que é pessoal, íntimo e privado (o corpo, a sexualidade, os afetos, as relações amorosas, de amizade e familiares, as atitudes e aptidões que desenvolvemos), como no que é social e público (cargos e posições). É um processo no qual o "empoderamento" e o "desempoderamento" são faces de uma mesma moeda. Aqui "empoderamento" e "desempoderamento" definem-se por determinada correlação de forças, resultante da utilização de diferentes táticas e estratégias.

Como já vimos, quando um sujeito pratica *violência* contra alguém ou lhe causa constrangimento, pode estar reagindo a algum tipo de *dano* que ameace a sua posição e integridade narcísica[15]. Ao agredir alguém, ele garante uma sensação de *triunfo* que lhe restitui o poder por meio do "desempoderamento" do dominado. O reforço ou a inversão dessas forças definirá, continuamente, diferentes níveis de poder em uma mesma pessoa.

Por uma infinidade de razões a palavra *"poder"*, assim como a palavra *"conflito"*, costuma gerar uma série de associações negativas. A idéia mais comum associada a poder é de domínio de um indivíduo sobre outro. Para superar essa visão redutivista, proponho a utilização da concepção foucaultiana, que nos permite examinar o poder no campo das interações sociais, com o qual nós, mediadores, temos de interagir.

---

15. Do mito de Narciso, o amor que se nutre da própria imagem e, quando ameaçado, pode provocar sentimentos de ira e desejo de retaliação.

Segundo essa abordagem, devemos entender os mecanismos do poder como uma *estratégia* utilizada numa correlação de forças, o que implica considerar que:

1. *O poder nunca é exterior ao sujeito*: portanto, não é um objeto do qual se possa apropriar; não é algo que possa ser possuído, coisificado: ele se exerce a partir de relações que são desiguais, mas sempre móveis.

2. Pressupondo o poder como uma *interioridade*, deve-se considerar que ele é posto em ação por intermédio de uma forma comunicacional, de um discurso – verbal ou não-verbal – que define a relação.

3. *O poder é relacional*: ele é gerado na relação entre os sujeitos e, nesse sentido, ele é *co-construído* e pode variar na própria relação; precisa sempre ser reconhecido pela outra parte. No caso de ruptura do processo comunicacional entre as partes ou de desequilíbrio de uma dinâmica de divisão ou compartilhamento de poderes é que surge o conflito. É nesse momento de crise que as estratégias de mediação podem ser úteis na redistribuição dos poderes. Os exemplos a seguir ilustram o que foi dito.

   a. Dois sujeitos estão investindo em um negócio em que **A** é especialista no ramo e **B** é o que possui o capital. Em dado momento, devido a algum "ruído na comunicação", um *desentendimento* começa a germinar, podendo chegar ao ponto de **B** vir a sentir-se "explorado" e começar a agir de forma reativa, controlando e cortando os gastos de **A**. Num processo de retaliação (agora já na fase da disputa), **A** não se manifesta, mas começa a não comparecer ao trabalho, a negligenciar suas funções, o que gerará enorme prejuízo para ambos. Seguramente tanto um quanto o outro sentir-se-ão prejudicados, atribuindo a responsabilidade do conflito ao outro e ficando impedidos de poder examinar *o que* está acontecendo e *como superar* o problema. Nessa circunstância, a intervenção de um mediador, ao promover o diálogo, permite a objetivação do conflito, a explicitação dos poderes em jogo, por meio do reconhecimento das mútuas necessidades, visando ao restabelecimento do equilíbrio entre esses diferentes poderes. Apontando a saúde da empresa como interesse comum – mais importante que a disputa de poderes –, acordos poderão vir a ser realizados.

b. Um casal divorciado está em conflito porque o pai não paga pensão ao filho. A mãe impede o pai de visitar o filho enquanto não efetuar o pagamento. Ele alega que está desempregado mas tem direito a visitar o filho. O mediador, explicitando os poderes em jogo, ajuda o casal a abandonar suas posições de queixa e vitimização e racionalizar o problema que tem pela frente, abordando fatos objetivos: o desemprego do pai, as necessidades financeiras da mãe e as necessidades afetivas do filho. Se houver interesse comum pelo bem-estar do filho, tal interesse pode superar o lugar da disputa pelo poder e o casal poderá negociar algum tipo de acordo, mesmo que provisório, para o período crítico. A experiência positiva desse acordo poderá propiciar uma convivência mais pacífica entre as partes e facilitar acordos posteriores.

4. *O poder é interdependente*: surge da dependência mútua de recursos. **A** necessita de algo que **B** tem, mas deve ter, ao mesmo tempo, algo de que **B** necessita. Por isso, numa disputa, deve-se sempre considerar que as partes implicadas têm diferentes graus de poder, já que, se alguma delas tivesse poder absoluto, não haveria conflito.

5. A *dependência de recursos* pode ser concreta, simbólica, idealizada ou fantasiada, e necessita de constante reconhecimento. O poder pode determinar a conduta do "dominado", seja pela força, seja pelo *consentimento*[16] (Godelier, 1981). Como exemplo podemos imaginar um caso em que **X** tem a capacidade de influir sobre a conduta de **Y** de tal maneira que **Y** faça ou deixe de fazer algo que não faria espontaneamente. O efeito do poder por meio do consentimento é muito mais eficaz do que o obtido pela força.

6. *O exercício do poder gera sempre uma força oposta*: ao determinar a conduta do dominado, o poder cria uma ine-

---

16. No caso do consentimento, o consentido não se sentirá dominado.

vitável força contrária, uma *resistência*, o que, por si só, já é uma forma de exercício concreto de poder. A *resistência* é um interlocutor irredutível nas relações de poder. Nos dois casos apontados no item 3, é fácil verificar a presença dessa resistência como uma demonstração de poder da parte que se sente mais oprimida: o sócio **A** no caso a) e a mãe no caso b).

7. *O discurso do poder* se reforça pela repetição, tornando esse poder tanto mais forte quanto menos puder ser questionado; daí a chance de o mediador propiciar a *desconstrução* desse discurso por meio da desmitificação de preconceitos e da objetivação de fatores subjetivos, em uma estratégia de redistribuição de poderes que gerará novas formas de relacionamento.

Partindo dessa perspectiva, pode-se classificar o poder, do ponto de vista de sua prática, como *construtivo* ou *autoritário*.

O poder *autoritário* implica desejo de *opressão*, de "desempoderamento" do outro, o que é comum nos conflitos de interesses, presentes nas situações de disputa em que há violência. Do ponto de vista *construtivo*, o poder se expressa como *auto-afirmação dos sujeitos* para viver[17], e é esse

---

17. Esse tipo de poder expressa a real potência do indivíduo que jamais se utiliza de violência.

tipo de poder/potência que a mediação objetiva com o "empoderamento" das partes.

O "empoderamento" é um novo enfoque de aquisição de poder baseado nas relações sociais democráticas e na lógica do poder compartilhado. É um processo de aquisição de autoconfiança e auto-estima que deve articular-se por meio da cooperação e da solidariedade. Por isso, o "empoderamento" inclui a transformação individual e a ação coletiva. Permite ao sujeito adquirir consciência crítica de sua situação e do mundo, de forma a tornar-se protagonista da própria história. Resumindo, pode-se pensar que, enquanto o sistema judicial apóia-se na lógica do poder autoritário para definir as contendas, a mediação baseia-se na lógica do poder construtivo, investindo no protagonismo e no pacto entre as pessoas.

No que se refere a poder autoritário, vale a pena voltar à análise de Godelier (1981), que define o poder de dominação como resultante de dois elementos "indissoluvelmente entrelaçados que lhe dão força: a violência e o consentimento". O autor afirma que desses dois componentes "[...] a força mais forte não é a violência dos dominadores, mas o consentimento dos dominados em sua dominação", concluindo que para ganhar e manter o poder conta menos a repressão do que a adesão da parte dominada.

A convicção do pensamento pode não apenas garantir a adesão da vontade como chegar a lograr, para além de um consentimento passivo, a própria "cooperação" do dominado. "É preciso que essa dominação lhes apareça como um serviço" que lhes presta o dominador, o que o tornaria *legítimo*, levando o dominado ao dever de "servir àqueles que o servem". Nesses casos, dominador e dominado estariam *partilhando* as mesmas representações (dependência de recursos) e não haveria resistência da parte do "dominado".

Essa discussão ajuda a explicar por que algumas pessoas ou grupos submetem-se ao poder de outros, mesmo em situações de extrema violência. Tome-se como exemplo mulheres que se submetem a situações de violência física ou psicológica durante anos ou empregados que se submetem ao autoritarismo de seus empregadores, às más condições de trabalho ou, ainda, filhos que amam seus pais apesar de ser maltratados por eles.

Intervenção

Quando o mediador se vê diante de uma desigualdade de poderes, cabe a ele ajudar as partes a perceber que ambos controlam recursos e necessitam reciprocamente desses recursos. No caso de não haver interesses mútuos ou algum tipo de objetivo mobilizador para ambas as partes, não haverá condição de se proceder à mediação. Para que duas pessoas possam vir a se interessar por qualquer tipo de negociação, pressupõe-se que ambas desejam alguma coisa que a outra tem ou querem preservar alguma coisa que lhes pertence – como a empresa, os filhos, o patrimônio.

> É importante enxergar o poder como estratégia de comunicação, e para tanto o mediador deve evitar deter-se na pergunta sobre quem é o *dono* do poder para pesquisar, cuidadosamente, *quando* e *como* os poderes se expressam entre as partes. *Exemplo*:
>
> 1. *Como* funciona o poder naquela relação?
> 2. *Quais* discursos o produzem e reproduzem?
> 3. Qual o seu *efeito*?
> 4. Como ele está *construído* nessa relação?

O mediador deverá sempre:

- Tomar essa dinâmica de poder como uma estratégia.
- Avaliá-la com muita atenção (livre de preconceitos ou reducionismos).
- Ajudar as partes a perceber que ambas controlam recursos.
- Perceber que interesses poderiam despertar o desejo de somar recursos.
- Neutralizar, equilibrar e confrontar diretamente o poder e sua forma de comunicação sem desconsiderar seu próprio poder como mediador.
- Considerar que as diferentes partes nunca têm o poder absoluto – do contrário, não haveria conflito.

Resumindo, deve-se afirmar que a mediação, ao contrário do processo jurídico adversarial, só pode acontecer mediante um equilíbrio relativo de poderes para que os conflitos se resolvam de maneira produtiva. Cabe ao mediador exercer a arte de converter o *poder ter* em *poder ser*. Poder de ser capaz de fazer valer a convicção de que o poder *construtivo* (*poder ser*), expresso por meio do protagonismo das partes, é mais útil e eficiente do que o poder *autoritário* (*poder ter*), expresso por gritos e insultos. Essa é uma das tarefas mais árduas e importantes do mediador como agente de transformação social.

6. Neutralidade e imparcialidade

Neste momento surge uma importante questão: como integrar a concepção de *neutralidade* a esse papel ativo do mediador?

O termo "neutralidade" é comumente considerado, pelas várias escolas de mediação, uma das maiores e mais significativas qualidades do terceiro/mediador. Várias linhas de mediação definem o mediador como "um terceiro neutro". Entretanto, no Projeto de Negociação de Harvard – descrito no Capítulo 8 – recomenda-se que o negociador seja *imparcial*, não favorecendo nenhuma das partes e colaborando com ambas. A grande novidade da Law Harvard School (onde o método com o mesmo nome foi criado) no trato das negociações, em relação aos métodos jurídicos tradicionais, é levar em conta as emoções e os interesses ocultos pelas posições, mas sua metodologia não contempla problemas de ordem social ou diferenças culturais. As diferenças de poder não chegam a se caracterizar como impedimento para uma boa negociação, já que o que conta mais é a habilidade e o poder do mediador no manejo com as partes.

Posteriormente, outras escolas, mais envolvidas com o enfoque sistêmico, passaram a utilizar o termo "neutralidade" para designar a posição do mediador diante das partes. Aqui, além da atitude imparcial do mediador, no sentido de não privilegiar nenhuma das partes, espera-se que ele não se envolva emocionalmente na disputa. Dado que não podemos nos desprender de nossos princípios, valores e crenças, essa proposição não passa de uma quimera. Não é possível ser neutro. Neutro significa "não envolvido", o que quer dizer que o mediador não deve envolver-se emocionalmente com qualquer uma das partes para conduzir a negociação de forma imparcial. O conceito de *neutralidade* é próprio da ciência positivista, que crê tanto na condição de objetividade e neutralidade de um observador diante de um fenômeno como na possibilidade da não-interferência da sua presença.

Para ser neutro na sua atividade, seria necessário que o mediador não tivesse expectativas ou que seus sentimentos e emoções não interferissem em sua maneira de perceber e interpretar o mundo. Também seria preciso que ele, contrariando um dos paradigmas da mediação – o da transformação social em direção à cultura da paz –, não buscasse promover qualquer mudança nos seus mediados.

Assim é que Marinés Suares discute longamente a desconstrução do termo e propõe a utilização de um neologismo – *de-neutralidade* – para explicar o que ela considera uma *neutralidade* que é ao mesmo tempo *envolvimento*. Já Sara Cobb define neutralidade como "[...] a maneira pela qual o mediador conduz a participação das partes".

Considerando-se, assim, a impossibilidade de exercer a neutralidade, o que se pode esperar do mediador é que aprenda a ter consciência de suas reações, de seus envolvimentos, e utilize suas percepções de forma *ética* a serviço da participação mútua das partes: ou seja, que ele, apesar de sua incapacidade de manter-se neutro, consiga agir com imparcialidade, tal como recomenda a escola de Harvard. Legitimar uma das partes em detrimento de outra por motivos de ordem pessoal estimula atitudes de dominação contraditórias ao objetivo da mediação.

> Um bom mediador deve ser capaz de aceitar a diversidade, garantindo a *eqüidade*, a redistribuição de poderes, a legitimação das partes e o respeito **ao estatuto sociocultural dos sujeitos**. Essa postura não rejeita a subjetividade do mediador, e sim a adequa a um exercício de reflexão sobre seu envolvimento. Trata-se de uma tarefa extremamente difícil que exige, além de treino do mediador, a prática de discussões sistemáticas de equipe, nas quais valores, crenças e projeções pessoais possam ser discutidas e "corrigidas". Entretanto, não podemos nem devemos aceitar deslealdades, má-fé ou abuso de qualquer uma das partes. Diante de situações desse tipo, o mediador pode interromper o trabalho e/ou sugerir que advogados estejam presentes durante as sessões.

É indispensável que o mediador considere a interferência que ele próprio exerce no campo da disputa (seu próprio poder). Sabe-se que, do ponto de vista da ciência contemporânea, a presença de um observador no campo altera a dinâmica desse campo e que, ainda que o mediador ficasse num canto do recinto, apenas observando a dinâmica das partes, ele já estaria influindo nessa dinâmica.

A Teoria Geral dos Sistemas, que influencia fortemente várias linhas de mediação, também postula que a inclusão de uma terceira pessoa em qualquer sistema o transforma em um novo sistema, diferente do anterior. Conclui-se daí que o mediador *nunca será neutro* – seja do ponto de vista de sua intervenção, seja do ponto de vista de sua presença.

No que diz respeito ao quesito *presença*, especialmente, considerá-la neutra seria, novamente, negar os próprios princípios da mediação. No prólogo do livro *Mediación: conducción de disputas, comunicación y técnicas*, de Marinés Suares (1996), Leonardo Schvarstein afirma que a mediação é uma proposta *altamente improvável*, já que:

a. "[...] é improvável que alguém que esteja enfrentando outra pessoa queira sentar-se e conversar sobre outras formas possíveis de resolver sua disputa, diferentes daquelas que imaginou e ensaiou anteriormente;

b. é improvável que pessoas modifiquem condutas muito arraigadas em um âmbito de impacto temporalmente curto como o que estabelece a mediação;

c. é improvável que se obtenha o resultado desejado, por mais que ele seja o que todos os atores estejam buscando".[18]

Para que essas premissas sejam superadas, é necessário que haja uma mudança no contexto original, criando-se um novo contexto, "valorativamente congruente" com a proposta da mediação. Portanto, a alteração do campo ou do sistema da disputa é exatamente o que se espera que ocorra para que se dê a mediação. Nesse caso, a presença do mediador deve ter justamente a qualidade de alterar um campo adversarial, no qual a negociação pareça inteiramente improvável, para um novo campo, em que a mediação se faça provável. O que torna a mediação provável é a capacidade de criar um campo não-adversarial e democrático, que dê condições de horizontalizar as relações humanas por meio da desconstrução das diferenças.

---

18. Tradução livre.

7. Manejo de conflitos

Já que não se deve (ou não se pode) eliminar conflitos, pode-se e deve-se ter a possibilidade de escolher a melhor maneira de manejá-los.

Assim como nós, como seres mortais, padecemos dessa circunstância, também as instituições – as corporações, os governos, os estados, os hospitais, as universidades –, compostas de pessoas como nós, padecem de conflitos intra e interpessoais, além dos intra e interinstitucionais.

É comum que os líderes dessas organizações não saibam como tratar o conflito de forma tão sistemática e construtiva quanto tratam as questões ligadas a sistemas de administração financeira, publicidade, política de recursos humanos e outros. Os clientes se queixam, colegas disputam e se atacam, acusados se entrincheiram, sindicatos exigem, advogados defendem. As organizações estão tão plenas de conflitos quanto as famílias, e pelas mesmas razões: afeto, reconhecimento e poder.

Trabalhando em um consultório privado, com pacientes adultos, aprendi que, gostemos ou não da idéia, conflitos reproduzidos no trabalho são, inúmeras vezes, reflexo de situações concebidas na infância, cujas raízes estão no seio da própria família.

> *Exemplo*: um cliente que quando criança era era preterido pelos pais em favor dos irmãos confessa sentir enorme ressentimento quando, na organização em que trabalha, seus superiores deixam de expressar claramente seu reconhecimento por ele – seja por meio de elogios constantes, seja por um salário ou por benefícios que ele considere significativos. Ao mesmo tempo, esse homem comporta-se de maneira extremamente dura e severa com seus subordinados, submetendo-os inúmeras vezes a situações de humilhação parecidas com as que ele vivia na infância. Isso tem prejudicado sua ascensão profissional, levando-o a mudar constantemente de emprego, apesar de sua competência na área administrativa.

Conforme já foi extensamente discutido aqui e em outros textos de minha autoria (Muszkat, 2003), é no espaço da família que são vividas as primeiras experiências conflitivas e que a criança introjeta as diferentes formas de resolução dos conflitos. Assim como há famílias que negam completamente os conflitos e outras que tendem a ampliá-los, transformando o ambiente num verdadeiro campo de batalha, outras tendem a escolher um "bode expiatório" e responsabilizá-lo sempre por qualquer coisa que aconteça. Conflitos entre o casal, entre irmãos, entre pais e filhos; conflitos decorrentes dos diferentes ciclos de vida, com características próprias que se entrecruzam entre seus diferentes membros: união, nascimento de filhos, envelhecimento, adolescência; conflitos por disputa de afeto, preferências, ciúmes, privações e assim por diante.

Portanto, é nesse contexto que adquirimos nossos primeiros modelos de manejo de conflitos, seja repetindo os modelos, seja nos opondo a eles. A mediação tem por finalidade fornecer ao mediado a possibilidade de rever seus padrões de conduta, oferecendo-lhe novas ferramentas que, regidas pela lógica do pacto e pela revalorização da pessoa humana, sirvam para *administrar as diferenças que existem entre os seres humanos, instalando o diálogo onde ele não existe*. E essa é, justamente, a qualidade *transformativa* da mediação.

> Também é importante lembrar que a linguagem é um dos principais fatores geradores e mantenedores de conflitos. Formas de comunicação verbais ou não-verbais – como expressões faciais e posturas corporais – podem despertar sentimentos de ódio, rejeição, medo, raiva e ameaça, que, se endossados por valores e práticas culturais, poderão gerar as mais variadas reações, que vão desde o recolhimento até a violência, tornando a comunicação o grande vilão da história.

Além disso, mesmo nas relações mais íntimas os padrões competitivos estimulados pela cultura, que regem nossas condutas, dificultam a condição de *ouvir* o outro sempre que discordamos do seu ponto de vista ou quando temos percepções preconceituosas sobre uma pessoa ou sobre o que ela pode vir a dizer.

Certas características defensivas, comuns na comunicação entre pessoas ou grupos, inteiramente submersos numa cultura em que a competitividade ganha caráter adversarial, são inteiramente incompatíveis com o diálogo: a tendência a reagir impetuosa e diretamente à fala dos outros sem ouvir; o hábito de fazer afirmações imperativas, levando à suposição de que os modelos introjetados de idéias e valores tenham caráter de verdade absoluta e indiscutível; e a própria tendência a privilegiar queixas e acusações em detrimento de depoimentos pessoais, como "Você me ofendeu", em vez de "Eu me senti ofendido". Essas formas de "comunicação", facilmente interpretadas como acusatórias, impedem e dificultam qualquer consideração ou reflexão a respeito do outro ou de si próprio, o que bloqueia a comunicação e estimula a disputa, promovendo formas variadas de constrangimento, até chegar à violência.

A idéia de que podemos ser "cativos" da forma como nos comunicamos permite-nos considerar a possibilidade de, por meio da conscientização, desconstruir esses modelos e desenvolver novas formas de linguagem, mais satisfatórias e eficientes porque mais pacificadoras.

Outro aspecto que "emperra" a comunicação, eminentemente entre sujeitos intelectualizados, é a dificuldade que as pessoas têm de se sentir "julgadas" emocionalmente, porque precisam se ver sempre como "justas e racionais". A maior parte dos conflitos é resultante de mecanismos defensivos cuja origem reside em pressupostos da cultura ocidental que maximizam a necessidade de sermos sempre vencedores, julgando negativamente a condição de perdedor.

Os conflitos interpessoais podem se dar em quaisquer ambientes: familiares, sociais, policiais, internacionais, empresariais, educacionais e públicos. Podem ser conseqüência de práticas discriminatórias, percepções ou referências equivocadas, interesses conflitantes, manejo político. Nos hospitais são comuns os conflitos entre pacientes, médicos, a equipe de enfermagem e a administração. São comuns também disputas entre sócios em negócios, reivindicações de consumidores em relação a prestadoras de serviço, conflitos entre patrões e empregados etc. Conflitos banais podem se potencializar à medida que as pessoas vão se entrincheirando nas suas *posições* por falta de esclarecimento.

Costumamos reagir aos conflitos de quatro maneiras diferentes:

- *Evitando-o.*
- *Usando a força.*
- *Buscando recurso numa autoridade superior.*
- *Apelando para a mútua colaboração.*

Ao *evitar o conflito*, o sujeito ofendido procura se esquivar de qualquer ação. Nunca aborda o problema diretamente, o que não significa que sentimentos de frustração, raiva, medo ou desejos de vingança não permaneçam ativos em sua mente. Esse sujeito pode criar a esperança de que o conflito se resolva por si mesmo ou desapareça. Nesses casos, quase tudo se passa na fantasia das partes ofendidas, por intermédio de mecanismos mentais de negação ou racionalização: "Não estou nem aí"; "Deixa pra lá"; "Eu me viro". Também é comum demonstrar o descontentamento com atitudes ou expressões de quem está "emburrado" e retirar da relação qualquer expressão de afeto positivo, pondo o outro "na geladeira". Nesse caso, podem surgir pensamentos do tipo "Nada como um dia após o outro"; "Deus está vendo"; "Ele me paga".

Quando se reage usando a *força*, a retaliação é feita por meio de ameaças que visam atemorizar a outra parte, de discussões infindáveis e humilhantes ou de violência física. No caso das corporações, pode-se destituir o ofendido de seu cargo, impedir que ele seja promovido, incitar greves ou outros tipos de manobras coletivas. Há várias formas de tortura psíquica bastante eficientes que não raro encontramos em casais que convivem em situação de violência crônica, em sócios que se ameaçam constantemente, entre patrões e empregados etc., ou seja, quando há uma situação hierárquica de poderes ou quando se utiliza de ameaças contínuas para *impor o medo e, conseqüentemente, o poder*.

Ao recorrer a uma *autoridade superior*, o ofendido busca uma instância superior de poder, seja o advogado, o chefe da gangue, a mãe ou o irmão mais velho. A arbitragem, uma das formas de ADR (*alternative dispute resolution* ou métodos de resolução de disputas) mais utilizadas em situações de conflito patrimonial, também é uma forma de resolução que recorre a uma autoridade superior. O árbitro, eleito e aceito por ambas as partes, é considerado um *expert* ou uma pessoa sábia, de bom senso. Ele vai *arbitrar*, ou seja, decidir e comunicar às partes a sua decisão. O princípio da arbitragem é o que mais se aproxima da prática milenar, entre os judeus, de eleger o rabino da comunidade ou outra pessoa de confiança das partes para decidir uma disputa.

Já na *mútua colaboração* as pessoas se sentam para decidir, entre si ou na presença de um terceiro imparcial, uma solução que satisfaça ambas as partes: este é o modelo da mediação.

8. Diferentes modelos de mediação

Entre os vários tipos de mediação, alguns são mais voltados para o mundo corporativista, como o método de Harvard, cujo objetivo é obter um acordo entre as partes *em que todos ganhem* numa negociação.

No chamado *modelo tradicional* (Fisher, Uri e Patton, 1991), originário da Escola de Direito de Harvard, o mediador é o facilitador de uma comunicação pensada de forma linear, de um conflito construído sobre uma relação de causa e efeito. Nesse caso ela se define como um método pragmático de resolução de conflitos "alternativo" – mais barato, mais rápido e independente – ao processo judiciário.

Quando o modelo tradicional apareceu, novos modelos surgiram. Eles sofreram a influência de outras disciplinas, como a psicologia de abordagem sistêmica – Método Circular Narrativo –, da qual as maiores representantes, a norte-americana Sara Cobb e a argentina Marinés Suares, construíram um modelo de mediação voltado fundamentalmente para o campo da família, no qual resgatam também a teoria da comunicação e algumas técnicas utilizadas pelas terapias familiares. Esse método procura desconstruir velhas narrativas, dando oportunidade para que novas possam ser construídas e, então, surja (ou não) um acordo. A linha circular-narrativa foge da noção reducionista de causa e efeito e considera que inúmeros fatores que se retroalimentam (causalidade circular) estão presentes nas inter-relações e, portanto, nos conflitos. Está mais focada na transformação das pessoas do que na busca do acordo final. Apóia-se na teoria dos sistemas e no construcionismo social, mas não tem caráter terapêutico.

Também para Carl Slaikeu (1996) a importância da mediação não está exclusivamente centrada na solução do conflito, e sim na possibilidade de "elevar a consciência individual dos sujeitos e da sua capacidade de reconhecer os interesses, necessidades e pontos de vista da outra parte", o que por si só já representa um ganho pessoal e social.

Já o *modelo transformativo* de Bush e Folger (1994) desenvolve uma *filosofia da mediação* cujo foco é o de promover transformações de "caráter", que eles denominam "crescimento moral", por meio da revalorização e do reconhecimento das pessoas. Para eles, não importa o acordo, mas a mudança nas pessoas e nas suas formas de relacionamento.

No *modelo interdisciplinar* do advogado Daniel Bustelo Eliçabe-Uriol (1993) – no qual nos baseamos inicialmente –, a orientação é resultante de uma equipe em que a interdisciplina define o encaminhamento dos casos. Bustelo não aprova a mediação para situações de violência, nem se ocupa, na mediação familiar, de melhorar a convivência entre as partes, julgando que essas situações sejam mais próprias do campo da terapêutica. Apesar disso, ele enfatiza que o mediador precisa conhecer psicologia para compreender melhor o que se passa em determinada família e qual a estratégia mais apropriada para que aquele grupo chegue a uma boa negociação. O autor insiste também na necessidade de o mediador conhecer os seus próprios conflitos para não confundi-los com os de seus mediandos.

Vê-se claramente que, ao se tornar independente do Direito, a mediação deixou de ser um simples método "alternativo ao judiciário" para se transformar num novo saber, numa transdisciplina que abandona os paradigmas científicos tradicionais, o reducionismo e o pragmatismo originais.

Os ADRs

Independentemente da mediação, outros "métodos de resolução de disputas" já foram descritos:

1. *Negociação*: processo de comunicação que busca uma base comum de interesses entre duas ou mais partes em conflito, a fim de mover as pessoas de uma posição inicial divergente, levando-as a conversar e buscar um acordo entre si.

2. *Conciliação*: harmonização de litigantes ou pessoas desavindas. Nessa técnica, um terceiro proporciona

às partes a minimização das diferenças entre seus interesses, conduzindo-as a uma concessão mútua.

3. *Arbitragem*: "processo de negociação no qual o árbitro, após ouvir as partes, tem o poder de tomar decisões. As partes escolhem o árbitro e se comprometem previamente a submeter-se às suas decisões. Seu principal inconveniente é que as partes, uma vez feita a escolha do árbitro, não têm mais controle sobre o processo" (Colosi e Berkeley, 1989).

Esses diferentes métodos costumam ser tratados com reserva pelos mediadores, como se estivessem distanciados da mediação. Devo dizer que não concordo inteiramente com essa posição, uma vez que não posso imaginar um processo de mediação tão "ortodoxo" que não inclua, na sua prática, princípios de negociação e/ou conciliação, por exemplo.

Com exceção da técnica da arbitragem – em que uma terceira pessoa decide pelas partes qual a melhor solução para elas –, a negociação e a conciliação, apesar de serem formas mais diretas de buscar composições diante de um conflito, com maior participação de um terceiro, preservam a vontade das partes e podem representar uma parcela do processo de mediação sem nenhum demérito para ele. A arbitragem é a única técnica em que a vontade das partes termina no momento em que um árbitro é escolhido.

Assim, a mediação aqui descrita pode ser chamada de integrativa[19], já que procura utilizar todo o instrumental que tanto as diferentes metodologias como as diversas ADRs podem nos oferecer. Nesse sentido, o seu caráter integrativo respeita a lógica sobre a qual venho trabalhando, buscando sempre considerar uma epistemologia comprometida com modelos amplos do pensamento contemporâneo, que evita ortodoxias limitantes.

A escolha de um ou outro instrumental depende mais dos objetivos impostos pelo contexto em que o conflito está instalado. Cabe ao mediador examinar cada situação para definir que estratégia se aplica melhor a ela. Não se deve confundir a mediação com a estratégia utilizada para conduzi-la.

Diante de uma situação eminentemente patrimonial, sem nenhuma relação de continuidade (uma batida de automóvel que envolva indenização, por exemplo), pode-se dar preferência à forma *harvardiana* de trabalhar, mas, diante de uma situação patrimonial no âmbito familiar, deve-se contemplar estratégias que dão maior ênfase à finalidade transformativa da mediação, considerando que essas pessoas deverão manter suas relações e tomar decisões em conjunto. Afirmo que todas essas estratégias poderão ser úteis no processo, desde que sejam respeitados seus paradigmas básicos:

---

19. Termo cunhado por mim para ressaltar a complexidade e a inter-relação dos fenômenos em questão.

- Respeitar a autodeterminação das partes.
- Transmitir a idéia de que conflitos fazem parte da vida e podem trazer respostas promissoras, se bem encaminhados.
- Aumentar os níveis de consciência sobre si e sobre o outro (construção da *alteridade*).
- Ressocializar os poderes em jogo.
- Estimular a autonomia e a autodeterminação.
- Desenvolver novas formas de comunicação.
- Promover reparações.
- Flexibilizar padrões rígidos de conduta.
- Proporcionar condições para chegar a um acordo (com maior ou menor ênfase na participação do mediador segundo a técnica utilizada).
- Propiciar a criação do maior número possível de alternativas.

O método integrativo, em conseqüência de sua origem institucional, comprometida com as questões de gênero e cidadania, tem os seguintes pontos como diferenciais:

- Utiliza aportes transdisciplinares.
- Trabalha com mediadores de várias áreas do conhecimento ou sem nenhuma formação acadêmica.
- Introduz o trabalho grupal e a pré-mediação (seja por meio de grupos reflexivos, seja na utilização de pré-acordos) nos serviços e instituições.

- Utiliza a mediação institucional em parcerias com instituições públicas, atendendo às necessidades básicas dos sujeitos (saúde, educação, emprego).
- Enfatiza os padrões de relações de gênero existentes, considerando que os princípios sexistas, como um dos aspectos da identidade, estão sempre presentes nas relações humanas.
- Valoriza as funções parentais.
- Leva em conta a diversidade (diferenças de classe social, raça, cor, religião), buscando desconstruir princípios essencialistas (preconceitos) associados a essas diferenças.
- Atenta para a valorização e o reconhecimento dos sujeitos.
- Atenta para a construção da cidadania.
- Promove o desenvolvimento da auto-estima.

As metas acima enumeradas têm caráter qualitativo e não se aplicam necessariamente a todos os casos. Servem, no entanto, de roteiro para o mediador. Um roteiro que, se respeitado, legitima o método.

A mediação, tal como proponho, deve estimular a reflexão, criar espaço para uma maior consciência de si mesmo e ampliar a consciência a respeito das necessidades e dos pontos de vista do outro. Deve garantir, também, que a deliberação quanto ao interesse de cada indivíduo (ou de cada família) seja protagonizada por ele mesmo, dando-lhe um sentido de compromisso e autodeterminação em relação ao próprio destino.

Os resultados do trabalho de mediação dependerão sempre de uma conjugação entre a vontade de mudar das partes e a habilidade do mediador. É possível que um mediador hábil desperte nas partes o desejo de mudança, mas ainda assim é preciso que as pessoas tenham o mínimo de disponibilidade e condições pessoais para usufruir dessa oportunidade.

Entre a mediação e a lei

Ao compararmos a mediação com as vias legais geralmente adotadas para resolver conflitos, é inegável que a mediação é muito mais vantajosa, como demonstra o quadro a seguir:

Aspectos envolvidos	Mediação	Processo jurídico
Tempo	Processo rápido	Processo demorado
Investimento	Bom custo-benefício	Caro, tanto mais caro quanto mais demorado
Sigilo	Confidencial	Tem caráter público
Relações pessoais	Evita inimizades e ressentimentos	Estimula inimizades: o sucesso do advogado está na sua capacidade de "derrotar o inimigo"
Obrigatoriedade	Processo voluntário	Torna-se obrigatório

Continua

Continuação

Aspectos envolvidos	Mediação	Processo jurídico
Interesse das partes	Atende às necessidades das partes	Atende à lei
Processo decisório	Uma decisão auto-determinada "garante" mais o cumprimento dos acordos entre as partes	Uma decisão impositiva não "garante" o cumprimento dos acordos entre as partes
Flexibilidade	Permite a discussão e a flexibilização de interesses	Uma parte ganha e a outra perde
Preservação dos bens e/ou dos assuntos disputados	Permite manter "protegidos" os objetivos e objetos disputados (filhos, empresa, bens de família)	Os objetivos e objetos são tornados públicos, participam da contenda e estão expostos a inúmeros prejuízos
Acompanhamento do caso	Acompanha a implementação de acordos	Não mantém contato com as partes

9. Método integrativo: do caos à organização

Veremos a seguir como o método integrativo de aplicação da mediação de conflitos permite, na prática, aos sujeitos envolvidos resolver suas questões de maneira inclusiva e justa.

Primeira etapa: o espaço para a emoção

Primeiro encontro: apresentação do caso/comunicação emocional

A primeira entrevista é geralmente realizada com uma das partes do conflito (seja pessoa física ou jurídica). Quando se tratar de uma instituição (empresa, escola, organização não-governamental), a entrevista poderá ser feita com um de seus representantes.

Nesse encontro ouve-se a queixa e apresenta-se o método. No Brasil, como nos países latinos em geral, trabalha-se com uma população mais passional. O mediador deve ser capaz de deixar circular a raiva e o mal-estar e contê-los sem ser repressor, evitando juízos de valor. Deve mostrar-se empático aos acontecimentos, reconhecendo a emoção e a legitimando, ainda que com um gesto ou olhar.

No primeiro encontro com cada uma das partes (*caucus*) é necessário deixar lugar para os afetos mais do que para a razão. Isso pode se repetir no primeiro encontro entre as partes, e o desempenho do mediador deverá ser o mesmo. Algumas reuniões individuais com as partes (*caucus*) poderão promover o esvaziamento das emoções mais fortes e facilitar o primeiro encontro conjunto.

É importante deixar claro o que se pode esperar de uma mediação, salientar suas vantagens sobre os outros métodos, definir o papel do mediador, estabelecer as "regras do jogo" e explicitar a possibilidade (ou não) de um acordo, o que dependerá das partes em conflito. Chamo de "regras do jogo" condições básicas para que as reuniões sejam minimamente organizadas: estabelecer um tempo para a reunião, pedir que os celulares sejam desligados, orientar as partes para que falem uma de cada vez, não usem de violência etc.

Essas regras poderão ser negociadas entre mediador e as partes para garantir que sejam cumpridas. Quanto ao tempo, convém explicitar que isso dependerá da colaboração de todos.

É preciso esclarecer que não interessa à mediação saber **com quem** está a razão, e sim **solucionar o problema**.

O mediador poderá trabalhar sozinho ou com outro mediador. Nesses casos, é bom que eles tenham formações diferentes. Deverão sempre ser respeitados:

1. O aspecto voluntário da mediação.
2. A garantia da vontade das partes no resultado alcançado.
3. A preservação da saúde dos envolvidos e do objeto de disputa (empresa, filhos etc.).
4. A imparcialidade do mediador.
5. A autonomia do mediador na condução do processo (em caso de constatação de má-fé ou revelação de um ato criminoso, o mediador terá a liberdade de interromper o processo).
6. Os termos de sigilo.
7. O papel que advogados particulares poderão vir a ter no processo.
8. A pré-combinação dos honorários.

Cada sessão individual de mediação poderá durar até uma hora e meia e cada sessão com as partes não deverá ultrapassar duas horas. Após esse tempo é comum haver um esgotamento dos temas e uma tendência a repetições. A sessão deverá ser interrompida sempre que o mediador notar que ela não está mais caminhando. O mediador deverá ter em mente para onde está encaminhando os mediandos e qual sua intenção quando faz qualquer tipo de intervenção (pergunta, explicitação, aparte), para evitar desgastes.

Entrevistas seguintes para coleta de dados (*caucus* ou duplas)

Os encontros com as partes em separado – *caucus* – podem, além de fornecer ao mediador uma visão mais geral da situação, facilitar a avaliação da pertinência da mediação para aquele caso e preparar as partes para o encontro conjunto. Convém que se façam tantos *caucus* quantos forem necessários até que as partes estejam preparadas para se encontrar. Geralmente, quando uma das partes procura a mediação e a outra é "convocada" a comparecer, existe entre elas uma diferença de interesses e de disposição para a mediação. As reuniões individuais podem ajudar a superar tais diferenças.

Na PMFC esse preparo é feito nas reuniões de pré-mediação em grupo, já que se trata de um trabalho institucional. A estratégia de grupo é sempre muito útil em trabalhos voltados para organizações (consulte a pesquisa PMFC/Nepo). O sigilo deve ser mantido segundo a vontade das partes, mas algumas informações podem ser úteis para ajudar o mediador a flexibilizar *posições*.

Primeiro encontro

No primeiro encontro entre as partes, se necessário, deve-se apresentá-las e – por que não? – parabenizá-las pela decisão de escolher a mediação. É importante que as par-

▶

> tes considerem a condição de não chegar a um acordo igualmente válida, já que elas poderão compreender a si e ao conflito melhor do que antes, podendo, com o tempo, encontrar uma solução satisfatória para ambas. No entanto, o mediador deve levar em conta que, em alguns casos, o acordo pode ser a única finalidade desejada.

O mediador precisa informar aos envolvidos os dois elementos básicos a serem considerados nas reuniões: a *definição* dos conflitos e o modo *como* se discutem esses conflitos. É necessário, ainda, ouvir as *posições* e apontar por que ambas as partes têm razão. É importante verificar se há algum objetivo comum às partes para que elas se disponham a ser mediadas. O mediador também precisa estar atento à linguagem que usa e à maneira (mais ou menos formal) com que se dirige às pessoas ou se aproxima delas.

Nessa fase, as queixas são o ponto central das narrativas e devem ser respeitadas para que, na segunda fase, seja possível objetivar e problematizar tais queixas.

> É fundamental deixar claro que para uma queixa pode não haver solução, mas para um problema pode haver várias soluções.

O mediador deve garantir:

- Um clima amistoso.
- Que as pessoas sintam-se legitimadas.
- Que as partes se escutem.
- Que não haja saltos de um tema para outro.
- Que não haja manipulações.
- Que haja pontos de *interesse e necessidades* comuns (caso contrário, a mediação não terá sentido).
- Que haja uma boa comunicação entre todos.
- Que seja redigido um resumo (por ele mesmo) das narrativas (considerando o vocabulário dos mediandos), o qual seja conferido e legitimado pelas partes.
- Que não se retorne sempre ao passado.
- Que se enfatize o futuro.
- Que as partes falem sempre na primeira pessoa do singular: "Eu acho que", "Eu sinto", "Eu gostaria".
- Que diante de um novo tema as duas partes expressem sua opinião: "E você, o que pensa disso?"
- Que tudo que foi dito seja compreendido por todos. Para isso, deve-se esclarecer expressões do senso comum, ambíguas ou da "cultura" de determinado grupo.
- Que se respeite o estatuto sociocultural dos sujeitos.
- A explicitação, sempre que isso seja útil, das formas de comunicação não-verbais (silêncios, posturas, expressões faciais etc.) entre ele e as partes: "Naquele momento tive de levantar-me da cadeira porque me senti irritado", e entre as partes: "Você fica bravo quando ela se repete?"

Vale a pena fazer uma ata das reuniões ou pelo menos anotar os acordos e progressos obtidos até aquele momento, quais os maiores entraves etc. Esse resumo poderá ser retomado no início de cada novo encontro.

Plano estratégico

As entrevistas realizadas anteriormente darão ao mediador um panorama da situação, de suas dificuldades, da importância que cada pessoa tem na dinâmica do conflito e na sua resolução, e do que as pessoas esperam. Nessa etapa o mediador – em equipe ou só – deverá prestar atenção nas *posições* assumidas pelas partes e traçar um roteiro de suas ações levando em conta o *caráter* da mediação, os *interesses* ocultos e os *meios* e *método* a serem adotados. Não se deve jamais esquecer que há várias formas de comunicação não-verbais.

Esse "mapa" elaborado pelo mediador deverá levar em conta o maior número possível de variáveis. Por exemplo: quem deverá ser o primeiro a falar? Que pessoas participarão da mediação? Em que ordem? Quais os padrões de comunicação mais utilizados? Chegar a um acordo é o único objetivo dessa mediação? Quantos acordos deverão ser obtidos? Qual o primeiro tópico a ser abordado? Qual o método estratégico que melhor se adapta ao caso?

▶

> Quantas pessoas estão a *priori* envolvidas no conflito? Quantas mais devem ser convidadas? Como estão distribuídos os diferentes poderes? O mediador vai se comunicar com as partes em conjunto ou separadamente? Deve-se chamar alguém de fora para auxiliar na mediação, como co-mediador ou consultor para alguma área específica do problema?

Evidentemente, exporá primeiro o conflito aquele que procurou a mediação. No caso de as partes terem vindo juntas, pergunta-se quem prefere começar. Caberá ao mediador avaliar a dinâmica dos poderes em jogo: de nada vale encaminhar para a mediação um casal quando um dos parceiros é altamente influenciável por alguém de sua família, como a mãe ou a sogra[20]. Nesses casos, as pessoas que exercem influência devem ser consideradas partícipes do conflito e precisam ser trazidas para a mediação.

Essa percepção pode ocorrer já com o trabalho em andamento; portanto, é importante considerar a possibilidade de alteração do roteiro original, a qualquer momento do processo, sempre que novas informações sugerirem a necessidade de uma mudança estratégica. É sempre bom trabalhar com um co-mediador com capacidades distintas

---

20. Usei esse exemplo porque ele é muito comum entre os homens na população de baixa renda.

das nossas. Na PMFC, por exemplo, as mediações são mais eficientes quando um advogado e um psicólogo trabalham em conjunto. Devem-se encaminhar os conflitos na ordem de suas dificuldades, começando pelos mais fáceis, a fim de estimular as pessoas. Inúmeras vezes a obtenção de um acordo promove uma reação em cadeia.

Terminada essa etapa, é hora de o mediador (ou a equipe) refletir sobre as narrativas, sobre as próprias observações e sobre as hipóteses de trabalho, e estabelecer os próximos passos.

Segunda etapa: o despertar da razão

Contemplando a razão

Após a fase de desabafo das partes, caberá ao mediador orientá-las em direção às suas metas. Nesse momento, deve-se criar um campo propício para o exercício da *razão*: os conflitos devem estar equacionados em problemas, de forma a representar *desafios* intelectuais para as partes, separados delas. Por exemplo: uma das partes fez algo muito errado, mas ela não é o erro; ela é o sujeito que cometeu o erro – e, como tal, tem a possibilidade de acertar ou errar. Também pode corrigir, *reparar* o erro cometido por meio de um gesto, uma expressão de reconhecimento ou um pedido de desculpas. Ou, quem sabe, as duas partes possam corrigi-lo juntas.

Quanto mais objetiva puder ser a comunicação entre as partes e entre elas e o mediador, tanto melhor. É útil fazer uma sinopse do processo utilizando um quadro de anotações que permita a todos observar claramente as questões discutidas, o caminho percorrido e as possíveis propostas de solução. Em qualquer momento, uma das pessoas poderá ser convidada para um encontro individual com o mediador, caso isso seja útil para o processo. Especialistas poderão ser consultados diante das partes ou separadamente. Qualquer uma das partes poderá pedir um intervalo para consultar alguém ou discutir em particular com outra pessoa, seja parente, amigo, advogado, a própria equipe.

Nessa etapa o mediador deverá:

- Transformar os conflitos em problemas.
- Delimitar o(s) problema(s) principal(is).
- Levar as partes a se concentrar no problema, e não em si mesmas.
- Flexibilizar as *posições*.
- Estabelecer novas bases de relacionamento.
- Atentar para possíveis revelações de *interesses* ou *necessidades* que possam facilitar acordos.
- Reconhecer e socializar poderes e dificuldades.
- Propiciar que sejam feitas reparações.
- Ajudar a conceber inúmeras alternativas para a situação.
- Permitir que seja manifestada a vontade das partes.

Instrumentos úteis ao mediador

Nessa segunda etapa, pode ser útil ao mediador:

- Mostrar que o conflito ocorre porque somos diferentes uns dos outros.
- Valorizar os aspectos positivos da relação ou da situação.
- Lembrar que o conflito pode ser uma oportunidade para mudanças positivas nas relações.
- Explicitar a motivação das condutas indesejadas e seu significado no contexto maior.
- Salientar as intenções positivas das partes.
- Desfazer mal-entendidos.
- Ajudar a desconstruir as narrativas iniciais, carregadas de ressentimentos e equívocos (*posições* fechadas e defensivas).
- Ajudar na reconstrução dessas narrativas, buscando os *interesses* ocultos pelas *posições*.
- Explicitar as emoções em jogo e mostrar que elas são legítimas (espelhamento): "Vejo que você está muito preocupado com isso".
- Encorajar as pessoas a falar. Desde o princípio o mediador poderá fazer perguntas que ajudem a ele ou às partes a compreender melhor o que está acontecendo e o processo de cada um; provocar novos pontos de vista; ajudar as pessoas a se colocar no lugar do outro: "O que você faria nesse caso?"; "O que você pensaria nesse caso?"; "O que você acha que ele(a) pensa disso?"

- Salientar ou ajudar a recordar aspectos positivos da relação que mereçam ser resgatados.

Algumas técnicas úteis de escuta ativa

Repetir o que está sendo dito, enfatizando aspectos relevantes (*parafrasear*): "Isso significa que você não pretende mais fazer tal coisa?"

Espelhar o que foi dito; repetir salientando a emoção presente: "Você está querendo dizer que está assustado?"

Resumir as idéias: "O que vocês estão sugerindo é..."

Validar, sempre que possível, o esforço das pessoas, no intuito de revelar sua auto-estima e seu protagonismo: "Estou percebendo seu esforço para que isso..."

Elaboração de propostas operacionais

Esgotada a discussão a respeito do problema e estabelecidas novas bases de relacionamento, um clima de cooperação poderá permitir a elaboração de propostas para um acordo. Sugere-se um exercício de *brainstorming* (tempestade de idéias). Para que as pessoas se sintam livres para criar novas idéias é importante explicar que as propostas deverão ser pensadas livremente, sem qualquer compromisso de efetivação das partes, a menos que elas entrem em acordo quanto à maneira de colocar tais propostas em prática. As sugestões que surgirem durante uma sessão de *brainstorming* deverão ser anotadas em um quadro, para que todos possam ter acesso a elas. Deve-se ainda lembrar que essas propostas podem ser implementadas em caráter provisório, para que sua praticidade seja avaliada.

O acordo

Uma vez que as partes cheguem a um acordo, um texto deverá ser elaborado pelo mediador em conjunto com as partes e assinado por todos. Nesse texto serão mencionados os termos do(s) acordo(s). O documento será, então, assinado pelas partes e, caso seja necessário, encaminhado pelo(s) advogado(s), que não o mediador, para homologação judicial. Em alguns casos, os acordos poderão ser documentos particulares, a menos que haja bens materiais em jogo ou se trate de direitos indisponíveis (alimentos, estado civil, guarda de um menor etc.) regulados por lei.

Se as partes mostrarem interesse, o mediador poderá fazer um acompanhamento do caso, auxiliando na implantação das decisões tomadas.

10. O mediador

No método integrativo da mediação, o mediador deve ser visto como um *agente de transformação social* – ou seja, alguém que se apresenta como "instrumento" capaz de propiciar às partes a oportunidade de adquirir uma nova cultura de solução de conflitos. Como? Promovendo a abertura para a aceitação do conflito e para novas maneiras de abordá-lo, em clima de cooperação.

Geralmente as pessoas vêem no conflito uma ameaça de destruição. Aceitar o conflito como um desafio a ser enfrentado, com grandes chances de mudanças fundamentais, pode ser o início de um novo foco de avaliação que permitirá o relaxamento de *posições* rígidas e fechadas para a composição de um novo desenho baseado nos *interesses* das partes. Essa é uma das razões pelas quais o mediador não deve construir soluções boas para si, mas ajudar as partes a fazê-lo por si mesmas.

Nesse sentido, o mediador deverá funcionar como:

Catalisador – alguém que, por meio de seu entusiasmo e da crença nas possibilidades de mudança, alenta e guia as partes.

▶

> *Educador* – alguém que fornece novos conhecimentos na área da comunicação, traz as partes para níveis de realidade mais objetivos e concretos e aumenta o repertório das pessoas, facilitando-lhes a abertura para inúmeras possibilidades.
>
> *Facilitador* – alguém capaz de identificar os *interesses* em jogo, igualar os níveis de poder e promover o *encontro* entre as partes.
>
> *Tradutor* – alguém que "interpreta" e "traduz" a comunicação, simplificando e explicando o sentido dos discursos, e recuperando suas conotações positivas.

Às pessoas que se perguntarem como isso é possível digo que, quando alguém nos escuta com atenção, abstendo-se de julgamentos, críticas e opiniões, pode despertar em nós algo surpreendentemente novo, capaz de transformar uma situação aparentemente impossível numa nova possibilidade, despertando nossa disposição e coragem de negociar possíveis *interesses* e *necessidades*.

11. O mediador nas organizações[21]

O mediador poderá atuar nas organizações como consultor ou como "desenhador de processos".

O desenhador de processos é um agente/mediador que entra na organização com fins preventivos para evitar disputas por meio de um novo desenho de organização das relações interpessoais existentes, sempre em beneficio das pessoas e da organização.

Seus objetivos são:

- Melhorar a qualidade de vida das pessoas.
- Trabalhar para ampliar o nível de satisfação dos sujeitos, com o objetivo de melhorar sua produtividade e sua realização pessoal.
- Expandir e aprofundar a confiança entre as diferentes equipes e, assim, suas relações.
- Permitir a melhoria e a ampliação de suas intervenções com outras organizações, com outros parceiros, clientes, fornecedores, instituições públicas e privadas.
- Melhorar sua imagem pública e, por conseqüência, seus produtos e/ou serviços.

---

21. Este capítulo tem a parceria de Svetlana Kashina.

- Reduzir absenteísmo e rotatividade de suas equipes, visando controlar os custos decorrentes de novas contratações, treinamentos, tempo de adaptação etc.
- Reduzir passivos trabalhistas.
- Colaborar com a prevenção dos danos iminentes à saúde física e mental (redução de estresse) das pessoas e à saúde de suas organizações, minimizando custos potenciais.
- Permitir estabelecer processos contínuos de reflexão crítica e sistemática sobre as práticas profissionais e organizacionais.
- Integrar pessoas e processos de forma preventiva.
- Garantir o reconhecimento externo e interno na área da responsabilidade social.
- Introduzir os princípios de sustentabilidade na organização e na vida das pessoas.

Várias podem ser as estratégias utilizadas para atingir esses objetivos, dependendo das condições e expectativas da organização:

- Introduzir uma cultura construída sobre a lógica da integração e da participação, em oposição à lógica da competição e do litígio.
- Pesquisar e avaliar com as equipes quais são suas maiores dificuldades na organização.
- Pesquisar os êxitos e as fragilidades da organização, sempre por intermédio da participação ativa das equipes.

- Redesenhar os sistemas de comunicação, melhorando a escuta entre as pessoas por meio de grupos de discussão, jornal interno da instituição, boletins, blogs, murais etc.
- Estimular a confiança e a capacidade de acolhimento entre seus membros.
- Reconhecer e acomodar diferentes necessidades.
- Fornecer conhecimentos técnicos e emocionais continuados.
- Expandir a noção de *saúde* de seus colaboradores, integrando o bem-estar físico ao bem-estar mental. Criar um "Centro de Mediação"[22] na empresa, tão necessário e urgente quanto a presença de uma enfermaria.

O "desenhador de processos" é extremamente útil nas organizações e instituições em geral, já que usualmente nesses espaços as pessoas esquivam-se dos conflitos, procurando escamoteá-los ou resolvê-los por meio de hierarquia intimidatória, utilizando-se de imposições e/ou punições.

Essas formas de manejar conflitos costumam gerar, se não climas insustentáveis, erros e mal-entendidos prejudi-

---

[22]. O "Centro de Mediação" tem por finalidade atender a conflitos pontuais entre grupos e/ou pessoas, e pode ser coordenado pelas próprias lideranças (desde que assim legitimadas por seus colegas). Esses centros colaborarão na subsistência dos novos processos, oferecerão serviços às pessoas e não representarão qualquer custo fixo *opcional* para a organização.

ciais à organização como um todo, tanto do ponto de vista humano, quanto do econômico e de produção.

Por intermédio da mediação de conflitos, utilizada pelo desenhador ou mediador, os conflitos gerados na dinâmica interna da organização são resolvido dentro dela, evitando que sua reputação seja exposta à avaliação pública.

Conclusão

A mediação de conflitos, tal como foi apresentada neste manual, deve ser compreendida como um novo saber que responde a novas demandas, que estariam em consonância com as necessidades de uma sociedade contemporânea submetida aos efeitos da globalização, do desemprego crescente, do desmantelamento do bem-estar social e da degradação das condições de vida pessoal e ambiental.

É, assim, uma resposta forte aos ideais democráticos de liberdade e fraternidade, um processo de afirmação dos direitos individuais que se baseia na convicção da importância da autodeterminação e da responsabilidade pessoal.

Essa nova proposta de resolução de conflitos, que tem origem no Direito, denuncia a necessidade de um novo pacto social. Algo que possa resgatar o protagonismo dos próprios atores que compõem o cenário das situações de conflito, o que é improvável no sistema judiciário atual. É, portanto, uma reação ao sistema tradicional de resolução de conflitos, construído sobre a idéia de que uma autoridade intimidatória é a única responsável por legislar sobre a verdade ou a justiça.

Mesmo que não haja acordo entre os próprios mediadores sobre o que é a mediação, não resta dúvida de que ela representa um novo aporte, uma nova lógica nas relações entre indivíduo e sociedade que não pode ser simplesmente enquadrada pelo sistema vigente como mais um instrumento do modelo paternalista de pensar os direitos humanos e a cidadania.

No entanto, corremos o risco de ver essa nova expressão social, que clama pela modificação de valores impostos, ser capturada e consumida, formatada e aprisionada por velhos dogmas incapazes de absorver uma nova capacidade de pensar, agir e existir.

Observe a notícia reproduzida a seguir, que foi publicada no jornal *Valor Econômico* em 10 de maio de 2005:

Juizado de São Paulo faz mediação inédita

O Juizado Especial Central de São Paulo realizou neste fim de semana o primeiro mutirão de mediação de sua história. A novidade foi testada em 700 processos que foram redistribuídos depois da greve do Judiciário paulista, em 2004, e que não estavam em pauta. O resultado foi considerado animador: cerca de dois terços das disputas foram encerradas, metade por acordo. Segundo a juíza Mônica Rodrigues, coordenadora do juizado, em 2004 foi realizado um mutirão de julgamentos com resultados bem mais modestos. Foram apreciados 160 processos. A principal diferença, diz a juíza, está no tempo necessário para resolver os processos. Enquanto uma audiência do juizado precisa ser marcada em intervalos de pelo menos 30 minutos, a sessão para mediação ocorreu a cada dez minutos.

Não creio que essa notícia seja animadora – pelo menos não para a mediação. Talvez para o Judiciário, diante da urgência de resolver problemas gerados e mantidos por um sistema arcaico – pelo qual nem todos os seus componentes são responsáveis – mesmo que a qualidade perca para a quantidade. É assim que a desigualdade aflora com maior intensidade e o *barato sai caro*. Se a mediação pode ser considerada um procedimento que traz em si a potencialidade de um novo compromisso político-social, capaz de reduzir a desigualdade e a violência, esse *mutirão* representa um verdadeiro "massacre" da mediação, uma demonstração de como o poder consegue se apoderar da intuição e da criatividade de forma tão insidiosa que chega a destruí-la antes mesmo que ela seja compreendida.

Essa conclusão é um alerta para aqueles que, como eu, são adeptos da mediação como instrumento de democracia, para que zelem pelos seus princípios mais meritórios, impedindo que o pragmatismo oportunista se aposse dela.

Referências bibliográficas

AMIS, Martin. "O insustentável peso do sofrimento e da morte". *O Estado de S. Paulo*, 27 fev. 2005, Caderno 2.

BATESON, G. *Steps to an ecology of mind*. Nova York: Ballantine Books, 1971.

BUSH, R.; FOLGER, J. *The promise of mediation: responding to conflict through empowerment and recognition*. San Francisco: Jossey Bass, 1994.

CANDAU, Vera M. "A didática e a relação forma/conteúdo". In: CANDAU, Vera M. (org.). *Rumo a uma nova didática*. Petrópolis: Vozes, 1989, pp. 26-32.

CARMONA, Carlos Alberto. *Arbitragem e processo*. São Paulo: Atlas, 2004.

COBB, Sara. Diálogo internacional – Encontro promovido pelo Centro Latino-Americano de Mediação e Arbitragem, São Paulo, 1997.

_____. "Hacia un nuevo discurso para la mediación. Una crítica sobre la neutralidad". Material distribuído no curso "Negociação e resolução de conflitos", Universidade da Califórnia, Santa Bárbara, Estados Unidos, 1995.

COLOSI, T. R.; BERKELEY, A. E. *Negociación colectiva: el arte de conciliar intereses*. Buenos Aires: Limusa, 1989.

CONNELL, R. W. *Masculinities*. Berkeley: University of California Press, 1995.

CONSTANTINO, Cathy A.; MERCHANT, Christina S. *Diseño de sistemas para enfrentar conflictos*. Barcelona: Granica, 1997.

DAMÁSIO, Antonio. *O mistério da consciência*. São Paulo: Companhia das Letras, 1999.

ELIÇABE-URIOL, Daniel J. Bustelo. *La mediación familiar interdisciplinaria*. Madri: Associación Interdisciplinaria Española de Estudios de Familia, 1993.

ESPINOSA, Baruch de. *Pensamentos metafísicos*. São Paulo: Abril Cultural, 1983 (Coleção Os Pensadores).

FISHER, Roger; URI, William; PATTON, Bruce. *Como chegar ao sim: a negociação de acordos sem concessões*. Rio de Janeiro: Imago, 1991.

FOUCAULT, Michel. *História da sexualidade I: a vontade de saber*. Rio de Janeiro: Graal, 1977.

_____. "El sujeto y el poder". In: *Foucault: Beyond sructuralism and hermeneutics*. Chicago University Press, 1983.

FREIRE DA COSTA, Jurandir. *Psicanálise e contexto cultural*. Rio de Janeiro: Campus, 1989.

FREUD, Sigmund. "Introduccíón al narcisismo (1914)". In: *Obras completas*, tomo II. Madri: Biblioteca Nueva, 1922.

GODELIER, Maurice. "A parte 'ideal' do real". In: CARVALHO, Edgard de Assis (org.). *Antropologia*. São Paulo: Ática, 1981.

KOSIK, Karel. *Dialética do concreto*. Rio de Janeiro: Paz e Terra, 1976.

MUSZKAT, Malvina. *Violência doméstica: uma leitura subjetiva*. Trabalho apresentado no NGO Forum on Women, Pequim, 1995.

MUSZKAT, Malvina (org.). *Mediação de conflitos: pacificando e prevenindo a violência*. São Paulo: Summus, 2003.

MUSZKAT, Susana. "Novas práticas na abordagem de gênero e violência intrafamiliar". In: MUSZKAT, Malvina (org.). *Mediação de conflitos: pacificando e prevenindo a violência*. São Paulo: Summus, 2003.

NICOLESCU, Basarab. *O manifesto da transdisciplinaridade*. São Paulo: Triom, 1999.

SCHVARSTEIN, Leonardo. "Prólogo". In: SUARES, Marinés. *Mediación: condución de disputas, comunicación y técnicas*. Buenos Aires: Paidós, 1996.

SLAIKEU, Carl A. *Para que la sangre no llegue al río*. Barcelona: Granica, 1996.

SUARES, Marinés. *Mediación: condución de disputas, comunicación y técnicas*. Buenos Aires: Paidós, 1996.

TEIXEIRA, Fernando. "Juizado de São Paulo faz mediação inédita". *Valor Econômico*, São Paulo, 10 de maio de 2005.

VEYNE, Paul Marie. *Foucault revoluciona a história*. Palestra apresentada na Pontifícia Universidade Católica de São Paulo, 1970.

VICENTE, Reginandrea G.; BIASOTO, Lilian G. A. P. "O conhecimento psicológico e a mediação familiar". In: MUSZKAT, Malvina (org.). *Mediação de conflitos: pacificando e prevenindo a violência*. São Paulo: Summus, 2003.

www.gruposummus.com.br